Stefan Luckhaus

Buchreihe
Produktivitätssteigerung in der Softwareentwicklung

Band 1
**Produktivitäts- und Leistungsmessung –**
**Messbarkeit und Messmethoden**

Internet: www.pass-consulting.com

Redaktion & Lektorat:
Heidrun Fernau-Rienecker

Umschlaggestaltung & Satz:
Antje Weber

Umschlaggrafik & Fotos:
Shutterstock Images LLC

Produktion & Vertrieb:
PASS IT-Consulting Dipl. Inf. G. Rienecker GmbH & Co. KG
Heidrun Fernau-Rienecker

Druck:
tredition

Printed in Germany
April 2016

ISBN:
Hardcover:   978-3-9816563-2-9
Paperback:   978-3-9816563-7-4
e-Book:       978-3-9816563-8-1

# Inhalt

# Abbildungsverzeichnis

# Tabellenverzeichnis

# Vorwort

zur Buchreihe

# Produktivitätssteigerung in der Softwareentwicklung

Gerhard Rienecker

## Motivation

Wenn Sie die nachfolgenden Fragen mit einem klaren JA beantworten können, kann Ihnen diese PASS Buchreihe zur Softwareentwicklungsproduktivität keine neuen Ideen liefern.

Legen Sie dieses Buch zur Seite und verfolgen Sie Ihre Ziele anhand Ihrer eigenen Strategien. Können Sie aber nicht zweifelsfrei JA sagen oder überwiegt sogar das NEIN, so kann diese Buchreihe durchaus eine Quelle der Inspiration sein.

Fragen:

1) Wird Ihr IT-Shop nach klaren KPI's gemanagt?

2) Kennen Sie Ihre Produktivitäts- und Qualitätsperformance?

3) Kennen Sie die Entwicklungsproduktivität Ihrer Entwickler?

4) Kennen Sie die Wartungseffizienz Ihrer Entwickler?

5) Kennen Sie die Verarbeitungsleistungen Ihrer Applikationen?

Nun, Sie lesen weiter. Ich hatte nichts anderes erwartet. Ich bin als IT-Berater seit über 30 Jahren für viele namhafte Konzerne tätig und darf feststellen, dass die meisten IT-Organisationen keine Antworten auf diese Fragen haben. Es gibt viele Initiativen und Ansätze, meistens aber bleiben diese rudimentär. Durchgängige IT-Management-Strategien, die obige Fragen klar und widerspruchsfrei beantworten, sind sehr selten zu finden. Ich würde mich auf ein Feedback von Ihnen freuen.

## Zukunftsgestalter IKT

Seit der Erfindung des ersten frei programmierbaren Rechners im Jahre 1941 durch Konrad Zuse schreiben die daraus abgeleiteten Informations- und Kommunikationstechnologien (IKT) eine Erfolgsgeschichte nach der anderen. Die IKT durchdringen unser aller Leben zusehends. Sie gestalten und organisieren Unternehmensfunktionen und -prozesse und verfolgen die durchgängige Digitalisierung von Unternehmen (Realtime Enterprise oder Internet Unternehmen). Sie reichern viele Produkte mit Intelligenz an (in einem neuen Pkw finden Sie heute über 100 Prozessoren mit jeder Menge Software). Die Omnipotenz der IKT hat in der Vergangenheit zu revolutionären Veränderungen von Produkten geführt, z.B. Kameras, Musik-Abspielgeräte und deren Medien, Handys, etc. Sie tragen immer mehr zur individuellen Lebensführung bei bis hin zum Spielcenter, kreieren Filme und revolutionieren ganze Branchen. Die IKT haben den 5. Kondratjew-Zyklus [Korotayev/Tsirel 2010] begründet, einen Wirtschaftszyklus, der die Industriegesellschaft durch die Informationsgesellschaft ersetzt und in dessen Mittelpunkt die Information als Wirtschaftsgut steht.

Dieses Wirtschaftsgut hat andere Eigenschaften als die Güter der Industriegesellschaft. Die Information ist nicht greifbar, hat keine naturwissenschaftlichen Grundlagen (Physik, Chemie, etc.), lässt sich nicht in Grundmodellen erklären, ist nicht teilbar, gewinnt aber an gesellschaftlichem Wert, wenn sie weitergegeben (verteilt) wird. Die Bedeutung dieses Wirtschaftsgutes wird weiterhin steigen und damit auch die Bedeutung der IKT. Ich möchte dieses Statement nicht weiter begründen, sondern auf einige Bücher verweisen, die hierzu vielfach Beweise führen. **The Digital Enterprise** [Streibich 2014], **The New Digital Age** [Cohen/ Schmidt 2013], **Vision 2030** [Meister 2012], **die 3. Industrielle Revolution** [Rifkin 2011], **Wem gehört die Zukunft?** [Lanier 2014] oder auch unser letztes Buch **Quality, that's IT** [Rienecker et al 2011].

Für die Bewirtschaftung dieses Wirtschaftsgutes werden 3 Technologien benötigt, nämlich Hardwaretechnologien (CPU + Speicher), Kommunikationstechnologien und Softwaretechnologien, wobei wir bei den Softwaretechnologien wieder unterscheiden müssen zwischen Basissoftware (Betriebssysteme, Middleware und Datenbanktechnologien) und Applikationssoftware. Während für den Bereich der Hardware und der Kommunikationstechnologien bis auf Weiteres das Mooresche Gesetz [Moore 1998] für die Produktivitätsentwicklung herangezogen werden kann, gibt es für die Softwaretechnologien keine verlässliche Methode zur Messung der Produktivitätsentwicklung. Insbesondere im Bereich der Applikationssoftware – also dort wo die Wertschöpfung der IKT von uns allen wahrgenommen werden kann, gibt es weder allgemein anerkannte Methoden noch praktische Verfahren, um deren Leistung zu messen bzw. deren Produktivitätsentwicklung zu ermitteln. Da aber die IKT und insbesondere die Applikationssoftware immer stärker zum Zukunftsgestalter avancieren, führt die Diskrepanz zwischen Bedeutung und Beherrschbarkeit zu einem unbefriedigenden Zustand. Dies ist die Motivation für diese Buchreihe. Lassen Sie mich kurz auf die Ziele eingehen.

## Das Ziel dieser Buchreihe

Diese Buchreihe verfolgt für Unternehmen, die Software entwickeln folgende Ziele:

- Verbesserung der Qualität,
- Steigerung der Produktivität,
- Verbesserung des IT Managementmodells,
- Verbesserung der Leistungsmessung im Bereich Entwicklung, Wartung und Produktion und
- Messung der Performance auf der Basis von KPI's.

Um diesem Ziel gerecht zu werden, möchten wir neben den grundsätzlichen Methoden, Konzepten und Strategien jedem Thema viel Zeit und Raum widmen und damit die Nachvollziehbarkeit erhöhen. Gemäß aktuellem Stand planen wir Bände zu folgenden Themen:

- Produktivitäts- und Leistungsmessung – Messbarkeit und Messmethoden
- Managementmodell, Aufwandsermittlung und KPI-basierte Verbesserung
- Selbstassessment und Optimierung
- Qualitätsmanagement
- KPA Applikationsspezifikation
- KPA Applikationsarchitekturen
- KPA Systemarchitekturen
- KPA Systembetrieb
- KPA Entwicklungsarchitektur
- KPA Projektmanagement
- KPA Personalmanagement
- Factories - von der Manufaktur zur Softwareproduktion

## Über dieses Buch

Nach einem Exkurs in die Geschichte der IT und einem Ausblick auf die mögliche zukünftige Entwicklung beschreibt dieses Buch zunächst die methodischen Grundlagen der Leistungsmessung. Es stellt die Vor- und Nachteile verschiedener Messmethoden gegenüber und zeigt auch die Grenzen der Messbarkeit auf.

Nach dem Vergleich unterschiedlicher am Markt existierender Methoden stellen wir unsere eigene, die Data Interaction Point Methode, dar, die vor über 7 Jahren von uns entwickelt worden ist und die Grundlage für unser eigenes IT-Managementmodell bildet.

Gemäß dem Anspruch der PASS Consulting Group, nur dazu zu beraten, worüber genügend Erfahrung im eigenen Haus gesammelt worden ist, werden wir sozusagen aus dem Nähkästchen plaudern. Wir managen mit dieser Methodik heute über 10 unterschiedliche Applikationslandschaften mit mehr als 500 Kunden und über 250.000 Anwendern.

# I. Einleitung

# Der Weg zum Innovationswettbewerb

Etwa seit Beginn der 60er Jahre hat die IT unser Leben kontinuierlich verändert. Heute sind alle Bereiche unserer Welt mehr oder weniger von der IT durchdrungen. Viele Bereiche sind von ihr abhängig. Banken beispielsweise wären ohne IT nicht mehr handlungsfähig. Einige Unternehmen sind auf Geschäftsmodellen aufgebaut, die überhaupt erst durch die IT ermöglicht wurden. Beispiele dafür sind Mobilfunkdienstleister, Virtuelle Marktplätze, Online-Auktionshäuser, Bezahldienste, usw. Bedeutende Fortschritte wurden bei der Integration von Partnern entlang der Wertschöpfungsketten, Automatisierung von Prozessen und Virtualisierung von Produkten gemacht. Dies wird beim Handel von Finanzprodukten in Echtzeit deutlich, beispielsweise beim Kreditantrag im Internet, der innerhalb von Sekunden ausbezahlt wird, wenn ein Regelwerk nach entsprechenden Abfragen ein ausreichendes Rating errechnet. Bei der industriellen Produktion von Massengütern ermöglicht die IT heute einen hohen Grad an individueller Konfiguration. Was dies bedeutet wird deutlich, wenn man sich anhand der im Internet verfügbaren Konfiguratoren mit dem Variantenreichtum von Automobilherstellern auseinandersetzt. Dabei zeichnet sich auch bereits eine Alternative zur industriellen Produktion ab: Der Verbraucher erstellt sich einfache Produkte selbst durch Herunterladen eines entsprechenden Konstruktionsplans und mit Hilfe seines 3D-Druckers. Das folgende Kapitel wird diese „Evolution der IT" noch etwas detaillierter beschreiben.

Das Internet ermöglicht Unternehmen den Eintritt in globale Märkte. Der Preis dafür ist jedoch ein Verlust der Kundenbindung als Folge einer völligen Transparenz des Marktangebots: Verbraucher vergleichen Leistungsdaten, Preise, die Online-Präsentation eines Shops, Bewertungen anderer Kunden, usw. und bestellen dort per Mausklick, wo es ihnen in genau diesem Moment am vorteilhaftesten erscheint.

Durch diese Entwicklung werden mehr und mehr Branchen mit einem globalen Innovations- und Zeitwettbewerb konfrontiert. Der Zeitwettbewerb führt dazu, dass Kunden Änderungen im Angebot der Mitbewerber unmittelbar wahrnehmen und dadurch Unternehmen, die konkurrenzfähig bleiben wollen, in sofortigen Zugzwang gesetzt werden. Der Innovationswettbewerb bewirkt, dass sich Anbieter nur durch Innovationen gegenüber der großen Masse von Mitbewerbern abheben können: Innovative Ideen, die immer komplexere IT-Lösungen erfordern und für deren Umsetzung aufgrund der Marktdynamik kaum Zeit bleibt. In dieser sogenannten „Zeitschere" werden jene Unternehmen erfolgreich sein, denen es gelingt, ihre neuen, komplexen und dennoch attraktiven IT-Lösungen schnell und zuverlässig an den Markt, d.h. ins Internet zu bringen. Dies werden nicht diejenigen sein, die den Aufwand ihrer IT-Projekte nur schätzen und somit nicht zuverlässig planen können, die permanent ihre Liefertermine verschieben oder getrieben von den Terminen Qualitätseinbußen hinnehmen.

## Innovationen entstehen durch Software

IT-Systeme sind ein Zusammenspiel von Hardware und Software. Konrad Zuse, der im Jahr 1941 einen der ersten funktionsfähigen, frei programmierbaren Rechner der Welt baute, soll davon ausgegangen sein, dass die Weiterentwicklung und der Verkauf der Hardware ein sehr lukratives Geschäftsfeld darstellt, mit Software jedoch kein Geld zu verdienen ist. Allerdings erkannte er die Bedeutung der Software für den Absatz der Rechner und ihre Nutzung in immer neuen Bereichen. Er erfand mit „Plankalkül" die erste höhere Programmiersprache, mit der komplexe Programme schneller entwickelt werden konnten als in Maschinensprache [Alex 1997]. Was das Vermarktungspotenzial von Software angeht, hat sich Konrad Zuse geirrt. Seine Einschätzung der Bedeutung von Software und einer schnellen Verfügbarkeit neuer Programme war richtig und ist heute aktueller denn je. Hardware ist standardisiert, austauschbar, skalierbar und vernetzbar. Software jedoch bildet unsere Prozesse und komplexen Regelwerke ab, virtualisiert und ermöglicht dadurch deutlich mehr Innovationen als Hardware.

# II. Die Evolution der IT

# IT durchdringt Unternehmen

Abbildung 1 zeigt, zu welchen Wertbeiträgen der zunehmende Einsatz von IT in Unternehmen führen kann. Geschäftsbetriebe, die völlig ohne den Einsatz von IT auskommen, sind in ihrer Angebotsreichweite meist auf ihren Firmensitz begrenzt. Ihr einziger Wettbewerbsvorteil ist ihr Standort, denn sie bedienen hauptsächlich an ihrem Firmensitz ansässige und bar zahlende Kunden. Beispiele sind meist in ländlichen Regionen tätige Handwerksbetriebe, Lebensmittelläden oder auch Gastronomiebetriebe.

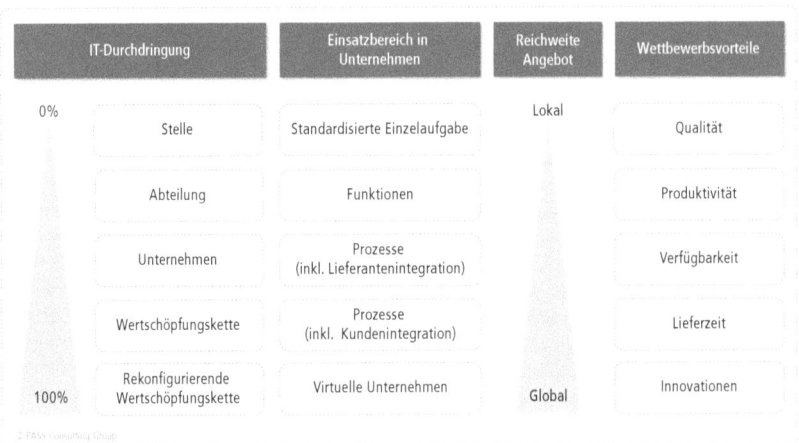

Abbildung 1: Wertbeiträge der IT in Unternehmen

Der IT-Einsatz beginnt oft an einzelnen Stellen im Betrieb, wenn beispielsweise im Front Office Zahlungssysteme oder im Back Office Anwendungen zur Fakturierung eingesetzt werden. Durch eine erste Internetpräsenz erhöht sich die Reichweite des Angebots und es werden auch Kunden außerhalb des Firmensitzes erreicht.

Die Wertbeiträge erhöhen sich deutlich, wenn komplette Abteilungen IT einsetzen. Das Referenzmodell in Abbildung 2 zeigt, welche Bereiche dafür in Frage kommen können. Standardsoftware zur Angebots- und Auftragsverwaltung, Abrechnung und Finanzbuchhaltung gehört meist zur ersten IT-Ausstattung. Später kommen CRM-Systeme (Customer Relationship Management) für den Vertrieb hinzu, CAM-Anwendungen (Computer-aided Manufacturing) unterstützen die Fertigungssteuerung, andere Anwendungen eine beleglose und automatisierte Kommissionierung, Management Informationssysteme (MIS) versorgen das Management mit Kennzahlen aus Planung, Steuerung und Qualitätssicherung, usw. Der IT-Einsatz ermöglicht Kosteneinsparungen und dadurch eine höhere Produktivität. Somit kann der Preis der Produkte als Wettbewerbsvorteil genutzt werden.

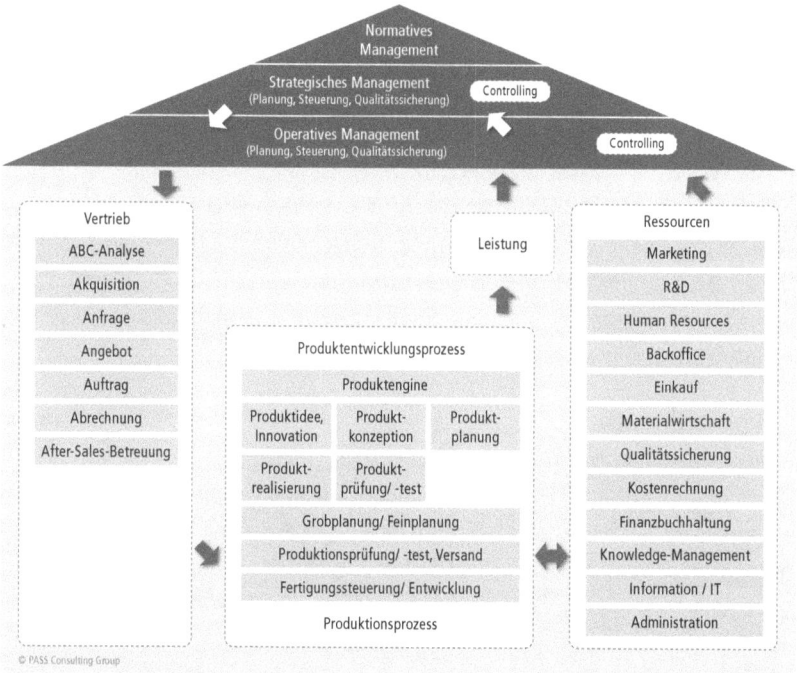

Abbildung 2: Referenzmodell für Unternehmen

Auf der nächsten Stufe werden zunächst unternehmensinterne Anwendungen miteinander integriert (EAI, Enterprise Application Integration). Dies ermöglicht die Reduzierung von Medienbrüchen und die Automatisierung von Geschäftsprozessen. Darauf folgt häufig die Integration von Lieferanten in die eigenen Prozesse (SCM = Supply Chain Management und E-Procurement = elektronische Beschaffung). Das Unternehmen erhält dadurch Transparenz über alternative Lieferantenangebote und kann seinen Einkauf so steuern, dass Zulieferungen genau dann erfolgen, wenn sie im Produktionsprozess benötigt werden. Dadurch reduzieren sich die Kosten der eigenen Lagerhaltung und die Durchlaufzeiten. Durch eine hohe Verfügbarkeit der eigenen Produkte und kurze Lieferzeiten entstehen neue mögliche Wettbewerbsvorteile.

Ein bedeutender nächster Schritt beim Einsatz von IT ist die Nutzung des Internets für das Angebot der eigenen Produkte und für direkte Bestellungen durch den Kunden. Die globale Präsenz eines eigenen virtuellen Shops erweitert jedoch nicht nur den Kreis potenzieller Kunden sondern auch die Anzahl vergleichbarer Anbieter, mit denen man in direktem Wettbewerb steht. Durch die Integration von Zahlungssystemen und Logistikdienstleistern kann jedoch beispielsweise die Lieferzeit zu einem Wettbewerbsvorteil entwickelt werden. Weitere Möglichkeiten zur Abhebung vom Wettbewerb bestehen in der Attraktivität der eigenen Produkte, ihrer Präsentation und der Gebrauchstauglichkeit des Webshops. Dies alles erfordert entsprechende IT-Lösungen.

Die beschriebene Entwicklung führt in vielen Fällen zu einer zunehmenden Virtualisierung vieler Unternehmensbereiche. Einkauf, Auftragsabwicklung, Rechnungsstellung, Zahlungsabwicklung, Kommissionierung und Versand erfordern nur noch miteinander interagierende IT-Systeme. In einigen Branchen kann selbst die Produktion oder können die Produkte selbst virtualisiert werden. Als Beispiel mag der Buchhandel dienen, der innerhalb von Sekunden nach der Bestellung durch einen Kunden die Zahlung abwickelt, ein (virtuelles) E-Book „herstellt" und durch Übertragung auf den E-Book-Reader des Kunden bzw. seiner Repräsentanz in der Cloud ausliefert. Selbst die Rückgabe geschieht virtuell: Gutschrift des Kaufpreises beim Zahlungsdienstleister und Löschen auf dem E-Book-Reader. Ein solches Unternehmen verbraucht keine Rohstoffe und belastet die Umwelt höchstens durch den Stromverbrauch der beteiligten IT-Systeme. Es ist in der Lage, in kurzer Zeit auf alle Veränderungen der Wertschöpfungskette zu reagieren, beispielsweise auf attraktivere Angebote des Wettbewerbs hinsichtlich Zusatzleistungen, neue Märkte, Nachfrageschwankungen, usw. Dabei kommt auch ein virtuelles Unternehmen nicht ohne Mitarbeiter aus. Es werden Mitarbeiter mit Fähigkeiten benötigt, die komplementär zu denen der im Einsatz befindlichen Maschinen sind: Sie müssen ihre Kreativität einsetzen, um ihr Unternehmen durch Innovationen vom Wettbewerb abzuheben.

Diese Entwicklung vollzieht sich weder über Nacht noch läuft sie in allen Branchen gleich schnell ab. Das nachfolgende Kapitel gibt anhand einiger ausgewählter Branchen und Bereiche einen Überblick über die zunehmende Nutzung der IT in jeder Dekade seit 1960.

# Entwicklung der Informationstechnik 1960 bis 2015

## 1960 bis 1969

In den 60er Jahren ist der IT-Einsatz noch eher die Ausnahme. Im Handel setzen größere Unternehmen Rechner zur Bestandsverwaltung und Buchführung ein. Um dies auch kleineren Unternehmen zu ermöglichen, wird 1966 der Dienstleister DATEV mit dem Geschäftsziel gegründet, mit eigener IT die Buchhaltung von Mandanten zu erledigen.

Banken und Versicherungen setzen eigene Großrechner ein. Die Verarbeitung der Daten erfolgt im Wesentlichen ohne einen Dialog mit den Benutzern, d.h. durch Stapelverarbeitung (Batchverarbeitung).

Computer-aided Manufacturing (CAM), durch Software gesteuerte Fertigung, hält Einzug in die industrielle Produktion.

Erste digitale Netze leiten eine neue Ära der Kommunikation ein, beispielsweise das Arpanet in den USA, das als Vorläufer des Internets gilt.

## 1970 bis 1979

Anfang der 70er Jahre nutzen Auskunfteien die IT, um Daten über Einzelpersonen zu sammeln und bieten als Dienstleistung elektronische Anfragen zu deren Kreditwürdigkeit an.

Das SWIFT-Netz bereitet den Weg zum elektronischen Nachrichtenaustausch und für Transaktionen zwischen Banken, Brokerhäusern, Börsen und anderen Finanzinstituten. Banken führen das beleglose Datenträgeraustausch-Verfahren (DTA) für Überweisungen und Lastschriftverfahren ein. Versicherungen nutzen IT zum Risikomanagement.

In der Reisebranche entstehen neue Unternehmen, deren Geschäftsmodell vollständig auf der IT basiert. Sie bündeln Daten in großen Rechenzentren und stellen Reisemittlern Zugänge zu ihren Computerreservierungssystemen (CRS) in Form einfacher, zeichenorientierter Terminals zur Abfrage von Preisen, Verfügbarkeiten und für Buchungen zur Verfügung.

In der industriellen Produktion werden erste, auf Großrechnern basierende, Systeme zur Fertigungssteuerung eingesetzt. In Kraftfahrzeugen hält die IT in Form erster Bordcomputer Einzug. In den USA wird mit Compuserve der erste kommerzielle Onlinedienst gegründet, der Nutzern von PCs den Austausch von E-Mails ermöglicht.

## 1980 bis 1989

In den 80er Jahren kommen die ersten Personal Computer auf den Markt und erschließen damit IT für die breite Masse. Dem Handel stehen dadurch PC-basierte

elektronische Kassensysteme zur Verfügung. Der bargeldlose Zahlungsverkehr mit Hilfe von Magnetkarten hält Einzug im Einzelhandel.

Besonders die Kommunikation macht große Fortschritte. In den USA ermöglicht Compuserve bereits erste Echtzeit-Chats. In Deutschland beginnt 1980 ein Feldversuch zur Einführung von Bildschirmtext. Ende der 80er Jahre wird bundesweit das digitale Kommunikationsnetz ISDN eingeführt.

Getrieben durch die Fortschritte in der Kommunikation gibt es in den 80er Jahren die ersten Direktversicherer, bei denen Versicherungspolicen online abgeschlossen werden können. Sie treten in Wettbewerb mit den meist schwergewichtigen Prozessen und Vertriebsorganisationen großer Versicherungskonzerne.

In der Reisebranche werden Computerreservierungssysteme (CRS) weiter vernetzt. Sie erleichtern Reisemittlern damit auch den Handel mit Tickets für verschiedene Fluggesellschaften.

Die 80er Jahre sorgen auch in der Logistik für Innovationen. Systeme zum Lieferkettenmanagement (Supply Chain Management, SCM) ermöglichen eine integrierte Planung, Optimierung, Steuerung und Kontrolle der Material-, Informations- und Finanzflüsse vom ersten Lieferanten über alle Fertigungsstufen hinweg bis hin zum letzten Endverbraucher. Es gibt erste Ansätze zur beleglosen und automatisierten Kommissionierung, unterstützt durch den Einsatz von Robotern.

Während öffentliche Verwaltungen in Deutschland insgesamt noch zurückhaltend mit dem Einsatz von IT umgehen, werden in Österreich das Online-Amtsportal help.gv.at und eine Bürgerkartenfunktion zur elektronischen Identifizierung eingeführt. In Deutschland wird zu dieser Zeit das elektronische Mahnverfahren entwickelt, das jedoch noch auf dem Austausch von Datenträgern basiert.

Für Kraftfahrzeuge ermöglicht die IT immer neue Assistenzsysteme wie das Antiblockiersystem, Fahrdynamikregelung, Bremsassistent, Reifendruckkontrollsystem, Abstandsregeltempomat, Adaptiver Fernlichtassistent, usw.

In der Unterhaltungsindustrie setzt sich MP3 als das dominierende Verfahren zur Speicherung und Übertragung von Musik auf Computern und auf tragbaren Abspielgeräten durch. Es entstehen erste Filme, die zum großen Teil computergeneriert sind.

## 1990 bis 1999

Die 90er Jahre stehen im Zeichen des Internet. Compuserve wird mit über 10 Jahren Erfahrung in den USA der erste Massenanbieter von Internetzugängen in Deutschland. Auch der Mobilfunk wird digital. GSM wird zum Standard für volldigitale Mobilfunknetze. In den USA bringt IBM 1992 das erste Smartphone auf den Markt, mit dem man E-Mails und Faxe versenden, einen Kalender und ein Adressbuch verwalten sowie spielen kann. Im selben Jahr wird in Deutschland das D-Netz eingeführt. Die Miniaturisierung der Endgeräte und die Entwicklung der Bandbreiten ermöglichen immer mehr Anwendern mobilen E-Mail-Versand, Chats, die Nutzung mobiler Internetanwendungen usw. Die Dekade endet mit dem ersten Kamera-Handy.

Die Einführung des Internet ermöglicht der Finanzbranche eine durchgängige Automatisierung ihrer Prozesse. Durch Straight Through Processing (STP) können Geld- oder Wertpapiertransaktionen taggleich verarbeitet und abgeschlossen werden.

Beeindruckend ist auch die Entwicklung der Reisebranche in den 90er Jahren. 1990 wird der Reisevertrieb unabhängig von einzelnen Computerreservierungssystemen. Durch Integrationslösungen können Verfügbarkeits- und Preisanfragen gleichzeitig an mehrere Reservierungssysteme gesendet und vor der Buchung eine an den Kriterien des Kunden (oder des Reisevertriebs) orientierte Auswahl getroffen werden. Diese Transparenz optimiert das Geschäft des Reisevertriebs und stellt die Computerreservierungssysteme in einen harten Wettbewerb untereinander. 1997 ermöglichen jedoch Internet Booking Engines (IBE) auch den Reisenden selbst direkte Abfragen und Buchungen, zusätzlich zu Flügen auch für Hotels, Mietwagen, Bahnverbindungen usw. Plötzlich können Reisende selbst über das Internet zahlreiche Angebote von Reisemittlern wie auch direkte Angebote beispielsweise der Fluggesellschaften miteinander vergleichen.

Auch Produktionsbetriebe werden stärker von der IT durchdrungen. 1990 stehen erste PC-basierte PPS-Systeme (Produktionsplanung und Steuerung) zur Fertigungssteuerung und als Leitstandsysteme bereit. Mit SAP R/2 kommt das erste Standardsystem zum Enterprise Resource Planning (ERP) auf den Markt.

Der Logistik ermöglicht der Fortschritt der digitalen mobilen Kommunikation die Optimierung ihrer Geschäftsprozesse durch mobile Datenerfassung. Durch IT können Konzepte wie die Nachfragesteuerung (Pull-Strategie), eine zeitgerechte Belieferung (Just in Time) und die Minimierung von Lagerbeständen umgesetzt werden.

1990 sind in Deutschland die ersten Behörden im Internet präsent und stellen Formulare und Informationen bereit. 1999 wird ELSTER, ein Verfahren zur elektronischen Übermittlung von Einkommensteuererklärungen, eingeführt. Österreich führt den elektronischen Rechtsverkehr für die Übermittlung von Anträgen an Bezirksgerichte ein.

Kraftfahrzeuge nutzen Satelliten-Navigationssysteme mit integrierten Stauinformationen und dynamischer Zielführung.

Die Unterhaltungsindustrie bringt 1990 die ersten Spielekonsolen mit 3D-Grafik-fähigkeit und Online-Zugang auf den Markt. Die erste Internet-Musiktauschbörse wird gegründet. Der Standard MPEG-4 ermöglicht Videotelefonie, Videodigitalisierung und die Nutzung in Echtzeit auch bei geringen Ressourcen oder schmalen Bandbreiten.

## 2000 bis 2009

In den ersten Jahren des neuen Jahrtausends setzt sich die Durchdringung aller Branchen durch die IT weiter fort. Unterstützt wird dies durch den Ausbau der Kommunikationsinfrastruktur, beispielsweise schnelle Internetzugänge und eine bessere Abdeckung der Mobilfunknetze auch in ländlichen Regionen.

Smartphones erhalten ein eigenes Betriebssystem: zuerst Apples iPhone, ein Jahr danach kommen auch erste Geräte mit Android-Betriebssystem auf den Markt. Dies ermöglicht die Entwicklung von Anwendungsprogrammen, die direkt auf den mobilen Endgeräten laufen und mit dem Internet verbunden sind. Kommunikation wird dadurch völlig unabhängig vom Aufenthaltsort und der Entfernung. Auch dadurch erfreuen sich die in dieser Zeit entstehenden sozialen Netzwerke wie Facebook oder Twitter großer Beliebtheit.

Der Online-Handel erhält einen Schub durch die Einführung virtueller Guthabenkonten: Kunden zahlen Geldbeträge auf Konten ein, die von Unternehmen wie

PayPal oder ClickAndBuy verwaltet werden und über die beim Online Shopping verfügt werden kann. Virtuelle Marktplätze im Internet erleichtern Kaufinteressenten die Suche und stellen Preis, Leistungsaspekte, Bewertungen und andere Merkmale der Angebote verschiedener Anbieter nebeneinander. Alle Anbieter geraten dadurch in einen überregionalen, mitunter globalen, Wettbewerb mit höchster Transparenz für die Kunden.

Die zunehmende Automatisierung der Geschäftsprozesse von Banken greift auch auf komplexe Entscheidungsprozesse über: Kunden können über das Internet Kreditanträge stellen, die ein komplexes Regelwerk durchlaufen und bei positivem Entscheid auch automatisch zum Abschluss gebracht werden. 2000 gibt es auch in Deutschland erste Direktbanken, d.h. Banken ohne eigenes Filialnetz, die ihre Geschäfte ausschließlich über das Internet abwickeln. Entsprechende Software für Smartphones ermöglicht Mobile Banking und macht die Bankkunden nicht nur unabhängig von Bankfilialen sondern auch von stationären Rechnern und ihrem heimischen Internetzugang.

Auch Versicherungen nutzen die IT, um komplexe Entscheidungsprozesse zu automatisieren, sodass der Verbraucher im Internet eine Lebensversicherung bei verschiedenen Anbietern anfragen und bei seinem favorisierten Anbieter auch direkt zum Abschluss bringen kann.

In der Logistik wird die Zuordnung von Fahrzeugen zu Aufträgen durch Tourenplanungssoftware unterstützt, die auf mathematischen Modellen und Algorithmen basiert. Die Software findet für jedes Fahrzeug eine hinsichtlich Zeit oder Kosten optimale Reihenfolge der zu bedienenden Auftragsstandorte.

In der ersten Dekade des neuen Jahrtausends sind die meisten öffentlichen Verwaltungen im Internet präsent und unterstützen dort die Bearbeitung unterschiedlichster Anliegen. Bundesbürger können ihre Steuererklärung elektronisch über ein Online-Portal einreichen.

Auch im deutschen Gerichtswesen wird immer mehr IT eingesetzt. Das elektronische Gerichts- und Verwaltungspostfach (EGVP) ermöglicht es den in Deutschland tätigen teilnehmenden Gerichten und anderen deutschen Behörden, sicher und rechtsverbindlich Nachrichten auszutauschen. Außerdem wird das elektronische Handelsregister eingeführt.

Die Unterhaltungsindustrie bietet Video on Demand an, d.h. Verbraucher können über das Internet auf nahezu alle digital verfügbaren Filme zugreifen und diese nach Bedarf ansehen. Spielekonsolen mit erweiterten Online-Funktionalitäten ermöglichen gemeinsames Spielen über das Internet und Bewegungssteuerung. Mit Second Life können Benutzer in virtuellen Welten in der Gestalt von Avataren interagieren, spielen oder Handel betreiben.

## 2010 bis 2015

Der Trend zum globalen Wettbewerb setzt sich fort. Shop-Systeme im Internet vergleichen nicht nur Preise, Produkteigenschaften oder Lieferzeiten verschiedener Anbieter sondern auch Kundenbewertungen und persönliche Empfehlungen. Sie verweisen auf Einträge in sozialen Netzen und zeigen, was andere Käufer eines Produkts ebenfalls gekauft oder angesehen haben.

In der Industrie entstehen erste Modellfabriken einer Smart Factory. Bauteile teilen den Maschinen mit, wie sie bearbeitet werden sollen. Maschinen und Anlagen teilen Daten in Echtzeit aus, interagieren miteinander und optimieren sich selbst. Die Bundesregierung fördert diese Entwicklung unter der Bezeichnung „Industrie 4.0". Das Ziel ist eine hochflexible industrielle Massenproduktion stark individualisierter Produkte. Zeitgleich kommt jedoch eine andere Innovation auf den Markt, die der Industrie dieses Ziel streitig machen könnte: 3D-Drucker ermöglichen die Produktion einfacher Güter direkt durch den Verbraucher.

Weniger futuristisch sind die Fortschritte, welche die IT im Bereich der öffentlichen Verwaltungen bewirkt. Die Bundesregierung verabschiedet das E-Government-Gesetz, durch das alle Behörden in Bund, Ländern und Kommunen verpflichtet werden, elektronisch erreichbar zu sein. Es regelt die elektronische Aktenführung und vereinfacht das elektronische Bezahlen in Verwaltungsverfahren. Auch im deutschen Gerichtswesen gibt es erste Ansätze elektronischer Verwaltungsakten. Einige Staaten führen mit E-Voting elektronische Wahlen ein.

In den Jahren nach 2010 werden selbst Fahrzeuge mehr und mehr mit dem Internet verbunden und die Kommunikation zwischen Fahrzeugen und von Fahrzeugen mit umgebender Infrastruktur ermöglicht. Fortgeschrittene, auf IT basierende Assistenzsysteme erhöhen die Sicherheit, indem sie Fußgänger automatisch erkennen, Fahrfehler ausgleichen, Sekundenschlaf des Fahrers feststellen oder Unfallsituationen vorhersehen und das Fahrzeug abbremsen, wenn beispielsweise ein Auffahrunfall droht. Fahrzeuge werden, zumindest prototypisch, durch IT in die Lage versetzt, sich selbst durch den Straßenverkehr einer Großstadt zu steuern.

## Wie könnte die Zukunft aussehen?

Der sowjetische Wirtschaftswissenschaftler Nikolai Kondratjew veröffentlichte 1926 seine Theorie zur zyklischen Wirtschaftsentwicklung [Korotayev/Tsirel 2010]. Darin beschrieb er den Auf- und Abschwung der Konjunktur in Wellen von 50 bis 60 Jahren. Jeder Aufschwung geht mit einer neuen Basisinnovation einher, in die bis zu seinem Scheitelpunkt investiert wird. Dabei handelt es sich stets um Innovationen, die der Wirtschaft durch das Aufheben von Restriktionen zu einem Wachstumsschub verhelfen. Ein Beispiel ist die Erfindung der Eisenbahn mit der Schaffung eines länderübergreifenden Schienennetzes, durch das die Zulieferung von Rohstoffen und die Verteilung industriell gefertigter Güter verbessert wurden, die bis zu dieser Erfindung mit Hilfe von Pferdegespannen auf Landstraßen erfolgten.

Nach etwa 25 Jahren hat sich eine derart umwälzende Innovation allgemein durchgesetzt, d.h. sie ist etabliert, Teil des täglichen Lebens. Es entstehen nach und nach neue Restriktionen, was zu einem Abschwung führt. Die Investitionen in diese Technologie gehen zurück. Während des Abschwungs bereiten neue Entwicklungen den Weg für die nächste Basisinnovation.

Das vorhergehende Kapitel hat gezeigt, wie das Internet ab Mitte der 90er Jahre den Aufschwung im 5. Kondratjew-Zyklus eingeleitet hat. Dabei steht der Begriff Internet an dieser Stelle stellvertretend für die beschriebene Integration aller an einer Wertschöpfungskette beteiligten Partner, d.h. Lieferanten, Kunden, Zahlungs- und Logistikdienstleister, usw., die Möglichkeit der globalen Vermarktung eigener

Produkte und den damit verbundenen Eintritt in einen globalen Innovations- und Zeitwettbewerb.

Laut Kondratjew wird dieser Aufschwung bis etwa 2020 dauern. Investitionen in die Nutzung des Internets werden dann zurückgehen. In den folgenden 25 Jahren wird in die nächste bedeutsame Basisinnovation investiert werden, die voraussichtlich 2045 den Aufschwung im nächsten Kondratjew-Zyklus einleiten wird.

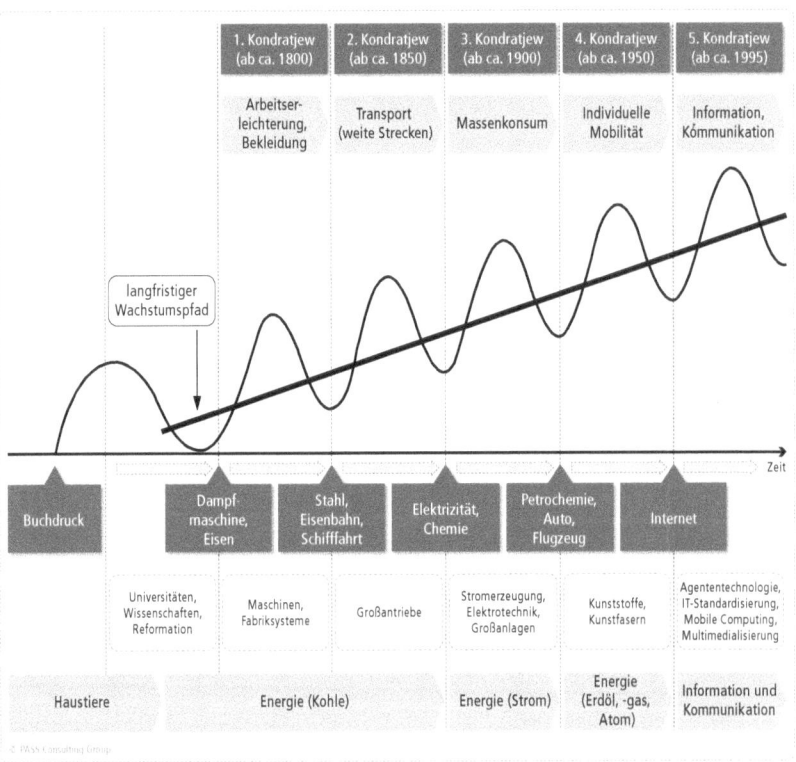

Abbildung 3: Die Kondratjew-Zyklen

Es ist leicht absehbar, dass dabei mit Hilfe der IT weitere Restriktionen unseres Lebens aufgehoben werden. Viele Ansätze und Trends der heutigen Zeit lassen bereits erkennen, welche Limitierungen dies sein werden.

- **Wir befreien uns von der Limitierung durch örtliche Gebundenheit**

  Smart Learning macht Lernen unabhängig von Zeit und Ort. Insbesondere Menschen in Regionen, die keinen direkten Zugang zu Bildungseinrichtungen haben, können in virtuellen Klassenzimmern gemeinsam mit anderen Lernenden und Lehrkräften aus allen Teilen der Welt zusammen kommen. Der Zugang zu Wissen ist kein Privileg der Industrienationen mehr.

  Unternehmen sind nicht mehr darauf angewiesen, Mitarbeiter zu finden, die neben den gewünschten Qualifikationen auch mobil sind oder in der Nähe des geplanten Einsatzortes wohnen. Die Zusammenarbeit im Team erfordert nur noch einen Zugang zum Internet und eine gemeinsame Sprache.

  Der Transport industriell gefertigter Produkte wird überflüssig, denn die Produktion wird durch einen 3D-Drucker durchgeführt, der möglichst nah am Kunden ist – oder direkt auf seinem eigenen 3D-Drucker.

  Smart Travel ermöglicht heute mit Google Street View – in Kürze mit Hilfe von Virtual Reality Brillen – den Besuch begehrter Reiseziele von jedem Internetanschluss aus. Ohne Transportwege, Fahrtkosten, Warteschlangen usw.

- **„Dinge" werden smart und entlasten den Menschen**

  „Smarte" Werkstoffe teilen den Produktionsmaschinen mit, wie sie bearbeitet werden müssen. Nach der Herstellung des Endprodukts wachen

Bauteile im Rahmen einer vorausschauenden Wartung selbständig über die Funktionsfähigkeit des Produkts und melden notwendigen Erneuerungs- oder Reparaturbedarf weiter, bevor er zu Einschränkungen in der Gebrauchstauglichkeit führt. Diese Entwicklung wird aktuell im Rahmen des Zukunftsprojektes Industrie 4.0 von der Bundesregierung gefördert.

Im Internet der Dinge kommunizieren „smarte", d.h. mit IT angereicherte Geräte, miteinander (sogenannte Cyber Physical Systems). Beispielsweise tauschen bereits heute einige Fahrzeuge untereinander und mit der Verkehrsinfrastruktur Informationen aus, um die im jeweiligen Moment optimale Route und Geschwindigkeit zu finden oder um Unfallrisiken zu reduzieren. Wird dies zum Standard auf unseren Straßen, könnten Verkehrsregelungen, Ampeln und Verkehrszeichen überflüssig werden.

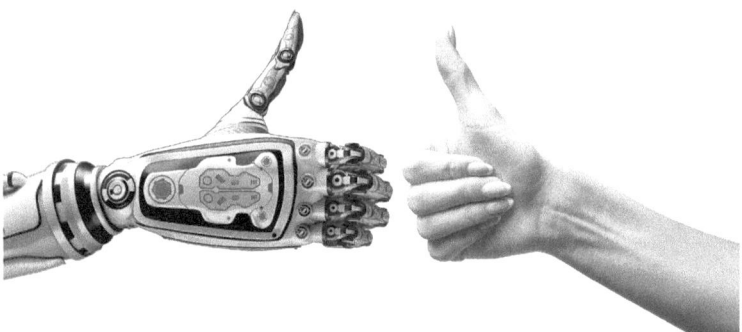

Roboter übernehmen mehr und mehr Aufgaben und entlasten dadurch den Menschen. Heute kennt man bereits Industrieroboter, Haushaltsroboter wie Rasenmäher-Roboter oder selbständig agierende Staubsauger, Roboter zur Bombenentschärfung oder für andere gefährliche Einsätze usw. Mit entsprechender Programmierung treten Roboter in Fußballspielen gegeneinander an.

- **Wir befreien uns von der Limitierung durch die Materie und von den Gesetzen der Physik: „Dinge" werden virtuell**

  Jeder Smartphone-Besitzer trägt diese „Dinge" vermutlich ständig mit sich herum: Taschenrechner, Adressbuch, Notizblock, Diktiergerät, Walkman, Kamera, Uhr, Kompass, Wasserwaage, Taschenlampe, Terminkalender, mehrere Wörterbücher und Stadtpläne, eine Bibliothek eigener Bücher usw. Selbstverständlich nicht die originalen, physikalisch greifbaren Gegenstände sondern Apps, d.h. virtualisierte Objekte, die diesen in Sachen Funktionsfähigkeit jedoch in nichts nachstehen.

  Virtual Reality Brillen ermöglichen das realitätsnahe Erleben von künstlichen, in der realen Welt nicht existierenden Örtlichkeiten, Gebäuden, Einrichtungen, Spielewelten usw.

- **Wir befreien uns von der Limitierung des Menschen durch seine Körperlichkeit und den menschlichen Organismus**

  Das Einpflanzen von IT-gesteuerten Geräten in den menschlichen Körper hilft bereits heute bei vielen Krankheiten und Verschleißerscheinungen. Parkinson-Patienten hat man bereits erfolgreich einen Chip als „Hirnschrittmacher" eingesetzt. Die Forschung arbeitet am Phänomen der Vergesslichkeit und sucht nach einer Lösung, Erinnerungen zurückzuholen.

  Japan zeigt der Welt als die am schnellsten alternde Gesellschaft, wie man den Pflegenotstand durch Einsatz von Pflegerobotern lösen kann. Diese verteilen Medikamente in Krankenhäusern, betten ihre menschlichen Patienten um oder transportieren diese, shampoonieren ihnen die Haare und waschen sie.

Beim Zusammentreffen mit anderen Menschen in beispielsweise virtuellen Besprechungsräumen oder Spielewelten können wir uns, völlig losgelöst von unserem Aussehen in der realen Welt oder körperlichen Einschränkungen, einen Avatar auswählen und uns durch diesen vertreten lassen.

# Die Bedeutung produktiver Softwareentwicklung

Ob sich die Wirtschaft nun in den von Nikolai Kondratjew vorausgesagten Zyklen entwickelt oder nicht, eines zeigt der Blick auf die Entwicklung der IT und die sich abzeichnenden Trends der nahen Zukunft ganz klar: Erfolg wird immer stärker von der kurzfristigen Verfügbarkeit neuer, auf Software basierender Innovationen abhängen. Die IT-Industrie erhält dadurch eine Schlüsselstellung. Für sie werden Themen immer wichtiger, die der Planbarkeit und der Steigerung von Produktivität und Qualität in der Softwareentwicklung dienen: Standardisierung, Wiederverwendung, Automatisierung der Entwicklungs- und Qualitätssicherungsprozesse wie auch die Messung von Leistung und Ergebnisqualität. Hier spielen insbesondere regelmäßige Messungen der Produktivität eine bedeutende Rolle, um die Effektivität von Verbesserungsmaßnahmen erkennen und Liefertermine zuverlässig planen und einhalten zu können.

# III. Was ist Produktivität und wie kann sie gemessen werden?

Im vorhergehenden Kapitel wurde gezeigt, welche Bedeutung die Entwicklung von Software für den Wirtschaftsaufschwung hat und dass sich Unternehmen oft nur noch durch IT-basierte Innovationen vom Wettbewerb abheben können. Dies erhöht den Zeitdruck auf die Softwareentwicklung und erfordert eine zuverlässige Entwicklungsplanung.

Wie die folgenden Kapitel zeigen werden, sind regelmäßige Messungen der Produktivität eine wichtige Voraussetzung, den Aufwand geplanter Entwicklungsvorhaben zuverlässig bestimmen zu können. Schätzungen sind dafür nicht geeignet. Dieses Kapitel wird zunächst Klarheit darüber geben, was Produktivität ist und welche Aspekte davon in der Softwareentwicklung von Bedeutung sind.

## Produktivität aus Unternehmenssicht

Aus der Gesamtsicht eines Unternehmens, d.h. unter Berücksichtigung von Produktion, Marketing, Vertrieb, Personal usw., kann man bei einer Betrachtung der Produktivität die folgenden Aspekte unterscheiden [Grönroos/Ojasalo 2002]:

- Effizienz: Betrachtet die Wirtschaftlichkeit der Produktion hinsichtlich einer Kosten/Nutzen-Relation.

$$\text{Wirtschaftlichkeit} \quad = \quad \frac{\text{Ertrag}}{\text{Aufwand}}$$

Bei einer Betrachtung der Softwareentwicklung als Produktionsprozess entspricht der Output an produzierter Software dem Ertrag und die entstandenen Kosten entsprechen dem Aufwand.

- Kapazität: Wird durch die Fähigkeit beeinflusst, flexibel auf Änderungen in der Nachfrage zu reagieren und gleichzeitig Mitarbeiter optimal auszulasten.

- Effektivität: Das Verhältnis vom erreichten zum angestrebten Ziel. Wird durch den Preis bestimmende externe Faktoren wie die Marktposition, das eigene Image, die Einschätzung der Leistungsqualität durch Kunden, die Qualität von Interaktionen mit Kunden usw. beeinflusst.

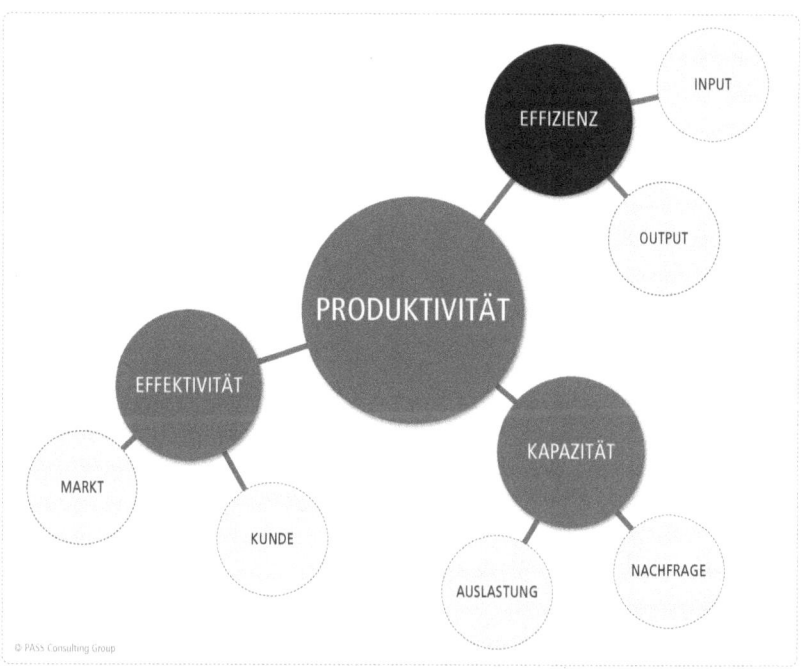

Abbildung 4: Aspekte der Produktivität aus Unternehmenssicht

# Produktivität der Softwareentwicklung

Um verlässliche Planungen des Aufwands zur Softwareentwicklung erreichen zu können, reicht eine Fokussierung auf den Produktionsprozess aus. Den Preis bestimmende Faktoren können in diesem Fall außer Acht gelassen werden. Bei der Betrachtung einzelner Entwicklungsprojekte ist meist auch die Disposition und Auslastung der Mitarbeiter von untergeordneter Bedeutung. Somit kann eine Messung der Produktivität auf die Effizienz bzw. Wirtschaftlichkeit des Produktionsprozesses reduziert werden:

$$\text{Produktivität} \ = \ \frac{\text{Output}}{\text{Input}}$$

Als Output sind der Umfang der produzierten Software und als Input der Personenaufwand zu messen:

$$\text{Produktivität} \ = \ \frac{\text{Umfang}}{\text{Aufwand}}$$

In den folgenden Kapiteln werden vier Anforderungen beschrieben, die erfüllt sein müssen, bevor eine Organisation in der Lage ist, die Produktivität ihrer Softwareentwicklungsprozesse zuverlässig messen zu können.

## Anforderung 1: Der Prozessumfang ist einheitlich und präzise abgegrenzt

Als Prozessmetrik erfordert die Produktivität eine Festlegung bzw. Abgrenzung des bei der Messung zu berücksichtigenden Prozesses. Empfehlenswert ist es, diese Abgrenzung so vorzunehmen, dass möglichst alle Tätigkeiten bzw. Phasen des Prozesses enthalten sind. Isolierte Messungen einzelner Tätigkeiten wie beispielsweise der Anforderungsanalyse, Konzeption, Implementierung, funktionaler Tests usw. würden auch eine möglichst präzise Trennung dieser Phasen erfordern, d.h. jeweils eine präzise Festlegung von Anfang und Ende. In der heutigen Praxis der oft iterativen bzw. inkrementellen Entwicklung sind diese Phasen jedoch meist nicht mehr strikt voneinander zu trennen, wie dies noch beim Wasserfallmodell der Fall war. Daher misst man besser vollständige Prozesse, um anhand dieser Messungen den zu erwartenden Aufwand für einen ebenfalls vollständigen Prozess ermitteln zu können.

Auch die Gegenüberstellung der Produktivität von Entwicklungen, die mit unterschiedlichen Vorgehensmodellen, Entwicklungsparadigmen (modellgetriebene Softwareentwicklung, klassische Programmierung, Customizing von Standardsystemen usw.) oder Werkzeugen durchgeführt wurden, ist ohne Messungen der vollständigen Prozesse kaum möglich. Bewährt hat sich eine Betrachtung vom Beginn der Anforderungsanalyse bis zur Übergabe des Systems in die Produktion. Nur bei gleichem Anfangs- und Endpunkt ist eine Gegenüberstellung der gemessenen Produktivität geeignet herauszufinden, welche Vorgehensmodelle oder Entwicklungsparadigmen wirtschaftlicher sind.

## Anforderung 2: Prozesse schließen mit einer einheitlichen Produktqualität ab

Damit Messungen der Produktivität vergleichbar sind, ist neben der Festlegung von Anfangs- und Endpunkt des zu berücksichtigenden Entwicklungsprozesses auch die Einhaltung einheitlicher Qualitätskriterien am Prozessende von Bedeutung. Dies kann durch ein finales Quality Gate sichergestellt werden. Ansonsten hat eine Vernachlässigung der Qualitätssicherung eine Reduzierung der Kosten und somit (für diesen Entwicklungsprozess) eine Erhöhung der Produktivität zur

Folge. Auf die nächsten Inkremente bzw. die künftige Weiterentwicklung hätte dies jedoch aufgrund zusätzlicher Kosten für Fehlerkorrekturen nachteilige Auswirkungen. Anders ausgedrückt: Bei der Neuentwicklung gesparte QS-Kosten verteuern die Weiterentwicklung.

## Anforderung 3: Der Input ist messbar

Der Input für eine Produktivitätsmessung ergibt sich aus der Arbeitsleistung aller am betrachteten Entwicklungsprozess beteiligten Mitarbeiter, beispielsweise in Personentagen. Produktivitätsmessungen können nur funktionieren, wenn diese Arbeitsleistung präzise und zuverlässig ermittelt werden kann. Es muss sichergestellt sein, dass keine Arbeitszeit der Mitarbeiter in die Messung eingeht, die sie nicht aktiv für das zu messende Projekt aufgewendet haben. Außerdem ist auch der Aufwand von Mitarbeitern zu berücksichtigen, die vielleicht nicht zum Projektteam gehören und nur in geringem Umfang zugearbeitet haben.

Alle Stunden, in denen für ein Projekt gearbeitet wurde und die nicht in den „Input" der Messung einfließen, lassen die Produktivität besser erscheinen als sie in Wirklichkeit ist. Demgegenüber ergeben Stunden, in denen nicht für ein Projekt gearbeitet wurde und die nur aus Bequemlichkeit oder technischer Unzulänglichkeit der Buchungssysteme auf ein Projekt gebucht werden, eine schlechtere Produktivität.

## Anforderung 4: Der Output ist messbar

Die schwierigste Herausforderung ist die Quantifizierung des Outputs aus einem Softwareentwicklungsprozess. Sie erfordert eine Metrik, mit der sich der Umfang der Software messen lässt. Das nächste Kapitel beschreibt die Anforderungen an eine Umfangsmetrik, zeigt Standards sowie einige Messmethoden auf und beschreibt ihre Vor- und Nachteile. Vorteile können ein geringer Messaufwand oder die leichte Automatisierbarkeit von Messungen sein. Nachteile die Notwendigkeit von Schätzungen an Stelle von Zählungen.

Die Ermittlung des zu erwartenden Aufwands für geplante Entwicklungsvorhaben erfordert eine größere Anzahl an Erfahrungswerten. Daher ist es nicht nur wichtig, eine möglichst valide Methode einzuführen, sondern diese auch unverändert über einen längeren Zeitraum hinweg einzusetzen. Jede Änderung der Methode bedeutet einen Bruch mit den historischen Messungen und verhindert, dass Messungen vor und nach dem Bruch miteinander verglichen werden können.

# IV. Methoden zur Messung des Entwicklungsumfangs

## Anforderungen an eine Umfangsmetrik

Die erste Herausforderung bei der Einführung regelmäßiger Produktivitätsmessungen ist die Wahl der richtigen Messmethode. Von der Güte dieser Methode hängt es maßgeblich ab, wie zuverlässig der Aufwand für geplante Entwicklungsvorhaben ermittelt werden kann oder die Wirksamkeit von Verbesserungsmaßnahmen erkennbar wird.

Die folgenden drei wissenschaftlichen Kriterien für die Bewertung von Messmethoden geben eine gute Orientierung:

• Objektivität: Messwerte sollen unabhängig vom Messenden sein. Es darf nicht vorkommen, dass verschiedene Personen bei Anwendung der gleichen Messmethode auf dasselbe Messobjekt zu unterschiedlichen Ergebnissen kommen. Dies ist jedoch die Konsequenz, wenn Methoden auf reinen Schätzungen basieren, weil Kriterien nicht scharf definiert sind. Schätzmethoden erfüllen nicht den Anspruch der Objektivität. Eher erfüllen dies reine Zählmethoden.

• Zuverlässigkeit (auch: Reproduzierbarkeit oder Reliabilität): Wiederholte Messungen sollen zum gleichen Ergebnis kommen. Es darf nicht vorkommen, dass verschiedene Messungen des gleichen Messobjekts mit derselben Methode unterschiedliche Messwerte ergeben. Auch dies ist eine typische Auswirkung von Schätzmethoden, deren Regeln nicht scharf definiert sind und daher unterschiedlich interpretiert werden können.

• Validität: Messwerte sollen die zu messende Größe repräsentieren. Es muss eine deutliche Korrelation zwischen den Messwerten und dem Aspekt des Messobjekts geben, den man messen möchte. Softwareumfang alleine ist ein abstrakter Begriff und es bedarf einer klaren Festlegung, ob eine Methode beispielsweise die Größe eines Programms, die Anzahl der Zustandsübergänge, usw. zählt.

Diese Gütekriterien bauen aufeinander auf, d.h. Validität setzt Zuverlässigkeit und Objektivität voraus.

Zusätzlich zu den wissenschaftlichen Kriterien gibt es die folgenden praktischen Anforderungen an Methoden zur Messung des Softwareumfangs:

- Unabhängigkeit von technologischen Aspekten. Der Einfluss technologischer Aspekte auf die Produktivität kann nur transparent werden, wenn die Messmethode unabhängig davon ist. Erst dann wird man feststellen, wie groß die Verbesserungen durch ein anderes Entwicklungsparadigma, die Verwendung von Frameworks oder Änderungen an der Systemarchitektur sind. Auch die Programmiersprache oder die Programmierstile dürfen keine Rolle spielen: Projekte, die auf Serviceorientierung und Wiederverwendung setzen und somit weniger Code produzieren, sind deshalb nicht weniger produktiv als solche, bei denen viel Source Code kopiert oder umständlich programmiert wird.

- Messungen sollen vorab wie auch revers möglich sein. In der Praxis sind Umfangsmessungen einer bereits bestehenden Anwendung ebenso wichtig, wie die Vorab-Ermittlung auf Basis eines Fachkonzepts oder Pflichtenhefts. Eine Methode, bei der Codezeilen gezählt werden, eignet sich nicht für Vorab-Messungen.

- Ökonomie, Automatisierbarkeit. Bei der praktischen Anwendung einer Messmethode sollte der dafür erforderliche Aufwand in einem vernünftigen Verhältnis zum Gesamtaufwand des Projektes stehen. Da Umfangsmessungen oft mehrmals im Entwicklungsprozess durchgeführt werden, ist eine Methode von Vorteil, bei der die Messung ganz oder teilweise automatisiert werden kann. Dabei fällt zu Beginn ein oft nicht unerheblicher Aufwand für das Einrichten der Mess-Skripte oder Programme an. Bei jeder nachfolgenden Messung, wenn beispielsweise ein neues Inkrement oder Release fertig gestellt ist, reduziert sich der Messaufwand jedoch auf den reinen Aufruf dieses Skripts oder Programms.

## Codemetriken

Der erste Ansatz zur Messung des Entwicklungsumfangs waren Zeilenmetriken. Sie sind so alt wie die Programmierung selbst. Zeilenmetriken basieren auf der Zählung von Codezeilen und messen somit die Größe eines Programms (abgekürzt LOC für Lines of Code). Es gibt verschiedene Varianten dieser Metriken, bei denen jeweils die Zählung eingeschränkt wird, z.B. auf:

- Programmzeilen ohne Leer- und Kommentarzeilen (Source Lines of Code, SLOC).

- Nur Kommentarzeilen (Comment Lines of Code, CLOC), was im Qualitätsmanagement für eine quantitative Bewertung der Kommentierung des Source Codes von Bedeutung ist. Beispielsweise in Form der Kommentardichte, die sich aus dem Verhältnis der Anzahl an Kommentarzeilen (CLOC) zur Gesamtanzahl an Programmzeilen (LOC oder SLOC) ergibt.

- Die Anzahl der Anweisungen (Logical Lines of Code, LLOC, oder auch: Number of Statements, NOS). Diese Variante reduziert den Einfluss des Programmierstils hinsichtlich der Strukturierung des Programmtextes und der Verteilung über mehrere Zeilen, um eine bessere Übersichtlichkeit zu erreichen, da nur die Anweisungen unabhängig von ihrer Verteilung innerhalb der Programmzeilen gezählt werden.

Das Problem beim Einsatz von Codemetriken zur Bestimmung des Outputs ist, dass die Anzahl an Programmzeilen oder Anweisungen nicht mit den Anforderungen an ein IT-System korreliert. Bei Produktivitätsmessungen, die auf einer

Outputmessung durch eine Zeilenmetrik basieren, wären Projekte produktiver, die sich durch schlechte Programmierstile auszeichnen, umständlich programmieren und viel redundanten Source Code erzeugen, als solche Projekte, die auf Kapselung und Wiederverwendung häufig benötigter Funktionalität setzen. Ein weiterer Nachteil der Verwendung von Codemetriken ist, dass Messergebnisse unterschiedlicher Programmiersprachen nicht verglichen werden können.

Die verschiedenen Varianten der Zeilenmetriken haben durchaus ihre Daseinsberechtigung, wenn es um die Gewichtung von Messwerten im Bereich des Qualitätsmanagements geht, beispielsweise bei der Kommentardichte. Ihre Messung ist einfach und leicht automatisierbar. Zur Messung des Output bei einer Produktivitätsmessung sind sie jedoch nicht geeignet.

## Messungen des funktionalen Umfangs

Um Probleme bei Umfangsmessungen zu umgehen, wie sie bei Verwendung von Codemetriken auftreten, wurde bereits in den 80er Jahren der Begriff des funktionalen Umfangs (Functional Size) geprägt und schließlich 1997 als Normengrundlage im Standard ISO/IEC 14143 definiert [ISO/IEC 14143 2007]. Die Messung des funktionalen Umfangs (Functional Size Measurement, FSM) betrachtet ausschließlich die funktionalen Anforderungen (Functional User Requirements, FURs) und lässt nicht-funktionale Anforderungen (NFURs) außer Acht. Dies passt sehr gut zur heute gängigen Praxis, funktionale von nicht-funktionalen Anforderungen zu trennen: In der modernen Softwareentwicklung können die meisten nicht-funktionalen Anforderungen bereits durch Architektur- und/oder Design-Standards erfüllt werden, während die Umsetzung funktionaler Anforderungen (je nach Grad ihrer Individualität) einen Softwareentwicklungsprozess erfordert, dessen Planbarkeit von geeigneten Messmethoden abhängig ist. Nicht-funktionale Anforderungen können deswegen nicht grundsätzlich ignoriert werden, aber sie sind anders zu berücksichtigen als funktionale. Im Zusammenhang mit der Aufwandsermittlung für anstehende Entwicklungsvorhaben wird dies detailliert im zweiten Buch dieser Buchreihe beschrieben.

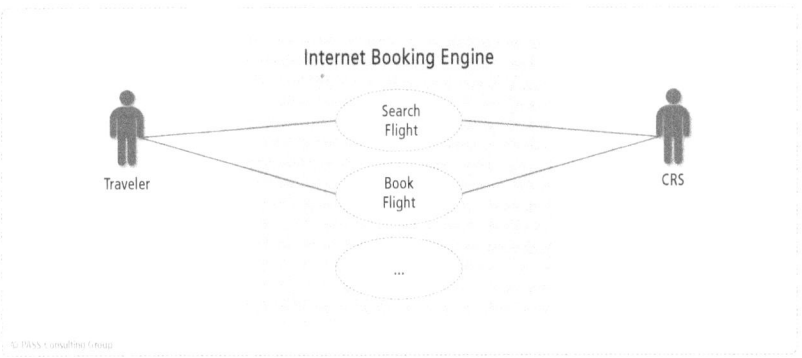

Abbildung 5: Anwendungsfall-Diagramm, Beispiel

Funktionale Anforderungen werden aus den Anwendungsfällen (Use Cases) eines Systems abgeleitet. Ein Anwendungsfall steht für ein Verhalten, das ein System nach außen – bezogen auf die definierten Systemgrenzen – anbietet, dessen Ergebnisse also für einen Akteur von außen wahrnehmbar sind. Dabei können Akteure sowohl Anwender als auch andere Systeme oder Maschinen, d.h. Hardware oder Software, sein. Das Beispiel in Abbildung 5 zeigt das Anwendungsfalldiagramm einer (stark vereinfachten) Internet Booking Engine für Flüge. Innerhalb der Systemgrenzen (Rechteck mit der Beschriftung „Internet Booking Engine") sind Anwendungsfälle durch Ellipsen dargestellt. Sie werden von Akteuren benutzt, im Beispiel ein Reisender und ein Computerreservierungssystem (CRS), was durch Linien zwischen den Akteuren und den Use Cases dargestellt wird.

| Use Case: | Search Flight |
| --- | --- |
| Primärer Akteur: | Reisender |
| Vorbedingung: | Reisender ruft den Flight Search Dialog auf |
| Standardablauf: | 1) Reisender gibt das Abflugdatum ein |
| | 2) Reisender gibt die ersten Buchstaben des Reiseziels ein (Name oder Code) |
| | 3) System sucht in der Datenbank nach übereinstimmenden Flughäfen und zeigt eine Liste mit Namen und Codes an |
| | 4) Reisender wählt einen Eintrag aus der Liste und klickt auf den Button „Search" |
| | 5) System sendet eine Nachricht vom Typ „Flight Search request" mit Datum und Flughafen-Code an das CRS |
| | 6) System empfängt eine Nachricht vom Typ „Flight Search Response" vom CRS und liest die Felder Abflugzeit, Ankunftszeit, Fluggesellschaft, Flugnummer, Klasse, Preis und Währung aller enthaltenen Flüge aus |
| | 7) System zeigt in einer Tabelle alle Flüge mit diesen Feldern an |

Tabelle 1: Basis-Funktionskomponenten eines Use Case, Beispiel

Jeder Anwendungsfall enthält mehrere Aktionen, aus denen sich die für das FSM relevanten Basis-Funktionskomponenten (Base Functional Components, BFC) identifizieren lassen. Tabelle 1 zeigt die zum Standardablauf von Use Case „Search Flight" aus dem Beispiel in Abbildung 5 gehörenden vereinfachten Basis-Funktionskomponenten. Ausschließlich BFCs sind die Grundlage einer Messung des funktionalen Umfangs, die somit auch bereits vor Beginn der Implementierung möglich ist – sobald funktionale Anforderungen bekannt sind. Der funktionale Umfang ist somit unabhängig vom Source Code oder von technologischen Aspekten und daher besser geeignet für die Bestimmung des Outputs zur Produktivitätsmessung.

## Die Function Point-Analyse

Motiviert durch die Probleme mit Zeilenmetriken hat Allan J. Albrecht bereits Ende der 70er Jahre die Function Point-Analyse (FPA, auch: Function Point-Methode) entwickelt. Sie basiert auf einer Analyse der Anwendungsfälle, aus denen sich die für die FPA relevanten Elementarprozesse[1] (die Systemgrenzen überschreitenden Eingaben, Ausgaben oder Abfragen) identifizieren lassen.

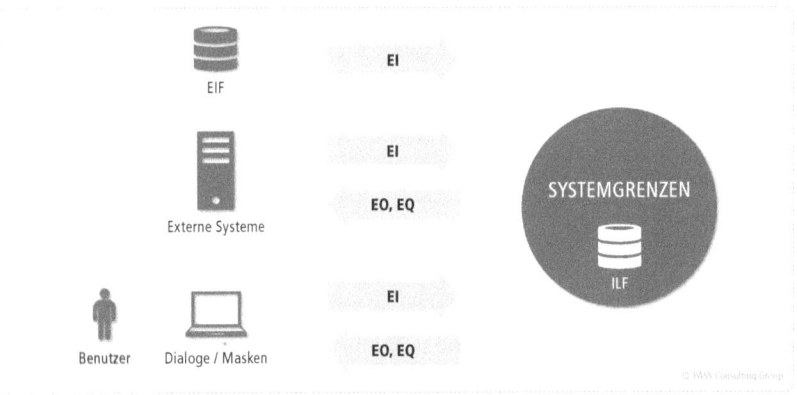

Abbildung 6: Zählobjekte der Function Point-Analyse

Nach einer Festlegung der Systemgrenzen, d.h. der Abgrenzung bei der festgelegt wird, welche Anwendungsfälle oder auch Teilsysteme Gegenstand der Umfangsmessung sind und welche nicht, werden die folgenden Objekte gezählt:

- Elementarprozesse, über die Akteure der Anwendungsfälle, d.h. Benutzer wie auch externe Systeme, auf die Daten zugreifen. Hier wird unterschieden zwischen den folgenden Transaktionstypen:

---

1   Diese entsprechen den Basis-Funktionskomponenten, wie sie in der ISO/IEC 14143 zum Functional Size Measurement beschrieben sind. „Elementar" bezieht sich auf die Eigenschaft, dass diese Prozesse nicht weiter in Teilprozesse mit eigenen Interaktionen unterteilt werden können.

- Externe Eingabe (External Input, EI). Daten überschreiten im Rahmen eines Anwendungsfalls die Systemgrenzen von außerhalb kommend.

- Externe Ausgabe (External Output, EO). Daten überschreiten im Rahmen eines Anwendungsfalls die Systemgrenzen nach außen.

- Externe Abfrage (External Inquiry, EQ). Da auch hier Daten die Systemgrenzen nach außen überschreiten, werden im Hinblick auf die Automatisierbarkeit der Zählung Abfragen meist wie Ausgaben behandelt.

- Datenstrukturen innerhalb des Datenhaushalts, durch die fachliche Objekte abgebildet werden und die relevant für die Elementarprozesse sind. Abhängig davon, ob die Datenstrukturen innerhalb oder außerhalb der Systemgrenzen gespeichert sind, wird zwischen den folgenden Typen unterschieden:

  - Interner Datenbestand (Internal Logical File, ILF). Dabei handelt es sich um alle Teile des Datenhaushalts, die von der betrachteten Anwendung gepflegt werden, d.h. bei denen das Hinzufügen, Löschen oder Aktualisieren von Daten zu ihren Anwendungsfällen gehört.

  - Externer Datenbestand (External Interface File, EIF). Dies sind Datenbestände, auf die seitens der betrachteten Anwendung nur lesend zugegriffen wird, das Hinzufügen, Löschen und Aktualisieren von Daten also nicht Gegenstand ihrer Anwendungsfälle ist.

Für die Punktwerte dieser Objekte gibt es feste Regeln, die sich an ihrer Komplexität orientieren:

- Der Punktwert eines Elementarprozesses (EI, EO oder EQ) hängt von der Anzahl der unterschiedlichen verwendeten Felder (Data Element Types, DETs) und der Anzahl der unterschiedlichen beteiligten Datenbestände (File Types Referenced, FTRs) ab. Die Punktwerte sind in Matrizen mit dreistufigen, nach oben offenen Intervallskalen festgelegt:

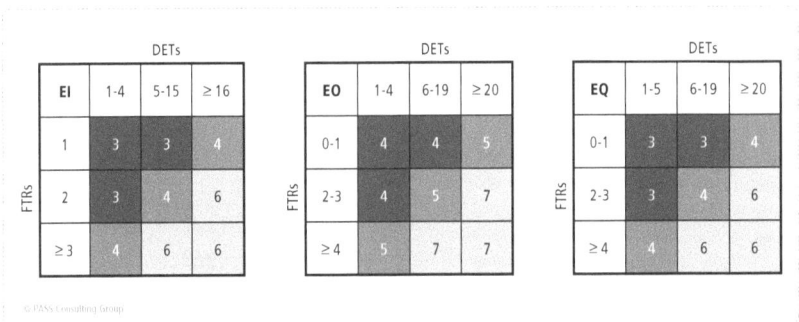

Abbildung 7: Punktwert-Matrizen für Elementarprozesse

- Der Punktwert einer Datenstruktur (ILF oder EIF) hängt ab von der Anzahl unterschiedlicher Felder der Struktur (Data Element Types, DETs) und der Anzahl an unterschiedlichen Feldgruppen (Record Element Types, RETs), aus denen die Struktur gebildet wird. Eine Feldgruppe ist eine Menge fachlich zusammengehörender Felder. Beispiele dafür sind der Name einer Person, der sich aus den Feldern Anrede, Titel, Vorname und Nachname zusammensetzt, oder die Adresse, im einfachsten Fall bestehend aus Straße, Postleitzahl und Ort. Eine Anschrift wäre also ein ILF bestehend aus den zwei Feldgruppen (RETs) Name und Adresse mit insgesamt 7 Feldern (DETs). Auch hier sind die Punktwerte in Matrizen mit dreistufigen, nach oben offenen Intervallskalen festgelegt:

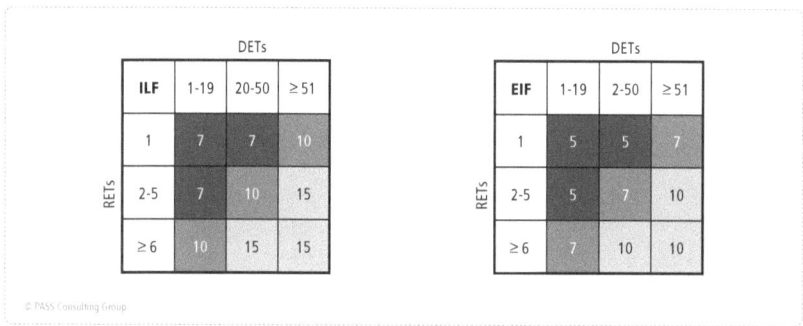

Abbildung 8: Punktwert-Matrizen für Datenstrukturen

Die Summe der Punktwerte aller Elementarprozesse und Datenstrukturen ergibt den funktionalen Umfang der betrachteten Anwendung. In vielen Fällen kann das Zählen automatisiert werden, was beispielsweise von der Object Management Group (OMG) detailliert beschrieben wurde [OMG/FP 2013].

Tabelle 2 zeigt die Berechnung des funktionalen Umfangs nach der Function Point-Methode für den beispielhaften Use Case „Search Flight" aus Tabelle 1.

Use Case: Search Flight

Primärer Akteur: Reisender

Vorbedingung: Reisender ruft den Flight-Search-Dialog auf

1) Reisender gibt das Abflugdatum ein

2) Reisender gibt die ersten Buchstaben des Reiseziels ein (Name oder Code)

EI mit 1 FTR und 2 DETs (Datum und Teil von Name oder Code      1 EI x 3 = **3**
des Zielflughafens )

3) System sucht in der Datenbank nach übereinstimmenden Flughäfen und zeigt eine Liste mit Namen und Codes an

EIF mit 1 RET und 2 DETs      1 EIF x 5 = **5**

4) Reisender wählt einen Eintrag aus der Liste und klickt auf den Button „Search"

EI mit 1 FTR und 1 DET (ID des ausgewählten Listeneintrags)      1 EI x 3 = **3**

5) System sendet eine Nachricht vom Typ „Flight Search Request" mit Datum und Flughafen-Code an das CRS

EO mit 1 FTR und 2 DETs (XML-Datei mit Datum und Flughafen-      1 EO x 4 = **4**
Code)

6) System empfängt eine Nachricht vom Typ „Flight Search Response" vom CRS und liest die Felder Abflugzeit, Ankunftszeit, Fluggesellschaft, Flugnummer, Klasse, Preis und Währung aller enthaltenen Flüge aus

EI mit 1 FTR und 7 DETs (XML-Datei mit Abflugzeit, Ankunftszeit,      1 EI x 3 = **3**
Fluggesellschaft, Flugnummer, Klasse, Preis und Währung je
Datensatz)

7) System zeigt in einer Tabelle alle Flüge mit diesen Feldern an

EO mit 1 FTR und 7 DETs (Dialogtabelle mit den Spalten Abflug-      1 EO x 4 = **4**
zeit, Ankunftszeit, Fluggesellschaft, Flugnummer, Klasse, Preis
und Währung)

---

**Funktionaler Umfang = 22 FP**

---

Tabelle 2: Funktionaler Umfang von Beispiel-Use Case „Search Flight", gemessen mit FPA

In der Praxis ist das Näherungsverfahren Rapid weit verbreitet, bei dem generell für Elementarprozesse der mittlere Punktwert (4 für EI und 5 für EO) und für Datenstrukturen der niedrigste (7 für ILF und 5 für ELF) angenommen wird. Dies reduziert zwar den Aufwand für die Zählung, dabei wird jedoch der Einfluss der Komplexität noch weniger berücksichtigt und es erhöht die Ungenauigkeit, die schon aufgrund der Verwendung von Intervallskalen nicht unerheblich ist.

Die hier beschriebene Variante der Function Point-Analyse wurde von der International Function Point Users Group (IFPUG) in der Norm ISO/IEC 20926 standardisiert [ISO/IEC 20926 2009]. Es gibt Varianten dieser Methode, die ebenfalls in ISO-Normen standardisiert sind, beispielsweise die Mark II FPA-Methode der UKSMA (United Kingdom Software Metrics Association) oder die Methoden der FISMA (Finnish Software Measurement Association) und der NESMA (Netherlands Software Metrics Users Association). Die Methode der IFPUG ist jedoch die weltweit bekannteste Methode und gilt als Standard für Messungen des funktionalen Umfangs.

## Die COSMIC-Methode

Es ist ein naheliegender Ansatz zur Verbesserung der Messgenauigkeit, nicht Elementarprozesse und Datenbestände (Datenstrukturen) zu zählen, sondern die dort relevanten Datenelemente. Er führte bereits in den 80er Jahren zur Entwicklung der Full Function Points-Methode (FFP-Methode). Basierend darauf wurde 1998 das Common Software Measurement International Consortium gegründet [COSMIC 2015]. Die FFP- bzw. COSMIC-Methode wurde 2003 als Standard in der Norm ISO/IEC 19761 anerkannt [COSMIC FSM 2014].

COSMIC orientiert sich am Standard ISO/IEC 14143 zur Messung des funktionalen Umfangs und betrachtet – ähnlich der Function Point-Analyse – Basis-Funktionskomponenten, d.h. einzelne Aktionen der Anwendungsfälle. Die Methode verwendet an Stelle von Akteuren den Begriff der funktionalen Benutzer, bei denen es sich zusätzlich zu Menschen und externen Systemen auch um unterschiedlichste Objekte aus Hardware oder Software handeln kann, beispielsweise Eingabe- oder Ausgabegeräte, die Daten über die Systemgrenzen hinweg senden oder empfangen und dadurch funktionale Prozesse des betrachteten Systems anstoßen. Unabhängig von der Art funktionaler Benutzer zählt COSMIC alle unterschiedlichen Datenelemente je Elementarprozess[2], welche die Systemgrenzen überschreiten und/oder in der Datenbank gespeichert bzw. von dort gelesen werden. COSMIC bezeichnet sie als Datenbewegungen und unterscheidet folgende Typen:

- Entry: Ein oder mehrere Datenelemente überschreiten von der Seite eines Akteurs aus die Systemgrenzen und werden von einem funktionalen Prozess verwendet.

- Exit: Ein oder mehrere Datenelemente aus einem funktionalen Prozess überschreiten die Systemgrenzen in Richtung eines Akteurs.

- Read: Ein oder mehrere Datenelemente werden aus einem persistenten Speicher gelesen und in einem funktionalen Prozess verarbeitet.

- Write: Ein oder mehrere Datenelemente aus einem funktionalen Prozess werden in einem persistenten Speicher abgelegt.

Generell werden dabei Datenmanipulationen, Aufbereitungen, usw. nicht berücksichtigt. Im Gegensatz zur Function Point-Analyse geht hier nicht der (statische) Umfang der Datenbestände in die Zählung ein, sondern die Schreib- und Lesezugriffe je unterschiedlichem Datenelement. Die Functional Size ergibt sich aus der Anzahl aller den Typen Entry, Exit, Read oder Write zuzuordnenden Datenbewegungen. Tabelle 3 zeigt die Berechnung des funktionalen Umfangs nach der COSMIC-Methode für den beispielhaften Use Case „Search Flight" aus Tabelle 1.

---

2 „Elementar" bezieht sich auf die Eigenschaft, dass diese Prozesse nicht weiter in Teilprozesse mit eigenen Interaktionen unterteilt werden können.

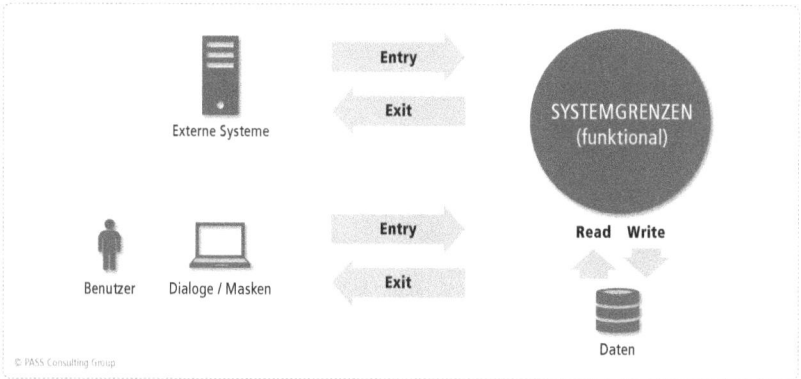

Abbildung 9: Zählobjekte der COSMIC-Methode

Die COSMIC-Methode berücksichtigt nicht die Komplexität der funktionalen Prozesse. Sie verwendet keine unterschiedlichen Punktwerte, d.h. sie bewertet ein- und ausgehende, gelesene und geschriebene Datenelemente stets gleich. Dies ist sinnvoll und vereinfacht die Messung für Systeme mit einer für Eingabe und Ausgabe in etwa vergleichbar komplexen Aufbereitung bzw. Validierung, beispielsweise Transaktions-/Echtzeit-Systeme. Bei vielen Geschäftsanwendungen ist jedoch der Zuwachs des funktionalen Umfangs durch die Eingabe in einem Dialog mit der damit verbundenen Wert- und Konsistenzprüfung größer als der bei einer reinen Anzeige. Ähnliches gilt für den Zuwachs des funktionalen Umfangs durch eine Schreiboperation auf die Datenbank, der größer ist als bei einer reinen Leseoperation.

Use Case:     Search Flight
Primärer Akteur:    Reisender
Vorbedingung:    Reisender ruft den Flight-Search-Dialog auf

1) Reisender gibt das Abflugdatum ein

Datum                                                  **1** Entry

2) Reisender gibt die ersten Buchstaben des Reiseziels ein (Name oder Code)

Teil von Name oder Code des Zielflughafens            **1** Entry

3) System sucht in der Datenbank nach übereinstimmenden Flughäfen und zeigt eine Liste mit Namen und Codes an

Referenztabelle mit 2 Attributen                     **2** Read

4) Reisender wählt einen Eintrag aus der Liste und klickt auf den Button „Search"

ID des ausgewählten Listeneintrags                  **1** Entry

5) System sendet eine Nachricht vom Typ „Flight Search Request" mit Datum und Flughafen-Code an das CRS

XML-Datei mit Datum und Flughafen-Code              **2** Exit

6) System empfängt eine Nachricht vom Typ „Flight Search Response" vom CRS und liest die Felder Abflugzeit, Ankunftszeit, Fluggesellschaft, Flugnummer, Klasse, Preis und Währung aller enthaltenen Flüge aus

XML-Datei mit Abflugzeit, Ankunftszeit, Fluggesellschaft, Flugnummer,     **7** Entry
Klasse, Preis und Währung je Datensatz

7) System zeigt in einer Tabelle alle Flüge mit diesen Feldern an

Dialogtabelle mit den Spalten Abflugzeit, Ankunftszeit, Fluggesell-       **7** Exit
schaft, Flugnummer, Klasse, Preis und Währung

---

**Funktionaler Umfang = 21 FFP**

---

Tabelle 3: Funktionaler Umfang vom Beispiel-Use Case „Search Flight", gemessen mit COSMIC

## Die Data Interaction Point-Methode

Auf der Suche nach einer Zählmethode mit der Granularität von Datenelementen, die der Komplexität großer Geschäftsanwendungen Rechnung trägt, entwickelte die PASS Consulting Group 2006 die Data Interaction Point-Methode (DIP-Methode) [PASS 2013]. Wie im Industriestandard ISO/IEC 14143 beschrieben, orientiert sie sich an den Anwendungsfällen eines Systems. Sie betrachtet Ein- und Ausgaben (Bewegungen, Interaktionen) über die Systemgrenzen hinweg, die für Akteure, d.h. Anwender und andere Systeme, Geräte oder Maschinen, von Bedeutung sind, sowie Datenbestände, in denen diese Daten persistent abgelegt sind. Im Gegensatz zur Function Point-Analyse werden dabei nicht die Datenstrukturen und Ein-/Ausgabeprozesse gezählt, sondern die an den Interaktionen beteiligten Datenelemente:

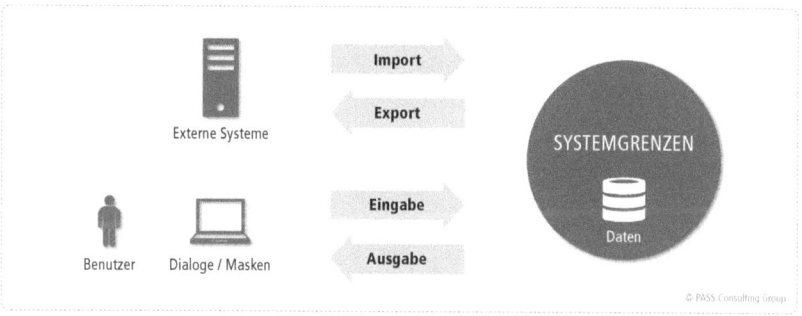

Abbildung 10: Zählobjekte der Data Interaction Point-Methode

- Datenbank: Gezählt werden alle Datenelemente mit Relevanz zu den Anwendungsfällen.

- User Interface: Gezählt werden alle Datenelemente, die im Rahmen der Anwendungsfälle auf Dialogen oder Masken ein- oder ausgegeben werden können.

- Schnittstellen bzw. Importe/Exporte: Hier werden alle Datenelemente gezählt, die im Rahmen der Anwendungsfälle die Systemgrenzen überschreiten um beispielsweise in anderen Systemen oder Geräten angezeigt oder weiterverarbeitet zu werden oder von diesen zur Weiterverarbeitung an die betrachtete Anwendung übergeben werden.

Ähnlich der Function Point-Analyse orientieren sich die Punktwerte an der Komplexität, die hier jedoch aus der Verwendung der Datenelemente abgeleitet wird. Die Punktwerte sind beispielsweise davon abhängig, ob Daten in einem Dialog oder einer Schnittstelle in das System eingegeben werden können, also Wert- und Konsistenzprüfungen erforderlich sind, oder ob nur eine Anzeige bzw. Ausgabe erfolgt. Die Punktwerte können dabei je nach Anwendungstyp innerhalb enger Grenzen variiert werden. Bewährt haben sich für Anwendungen, die stark dialogorientiert sind, folgende Punktwerte:

- Dialoge/Masken: Punktwert 1 für reine Ausgabeelemente (Typ: UI-O). Punktwert 3 für Elemente, die zur Ein- und Ausgabe dienen (Typ: UI-I).

- Datenbank: Punktwert 1 für Datenelemente, auf die nur lesend zugegriffen wird (Typ: REF). Punktwert 3 für Datenelemente, die seitens der Anwendung auch verändert werden (Typ: DB).

- Importe/Exporte: Punktwerte zwischen 1 und 2, abhängig davon, ob Eingangs- bzw. Ausgangsprüfungen durchgeführt werden (Typen: IMP, EXP).

Tabelle 4 zeigt die Berechnung des funktionalen Umfangs nach der Data Interaction Point-Methode für den beispielhaften Use Case „Search Flight" aus Tabelle 1.

Use Case:        Search Flight
Primärer Akteur:  Reisender
Vorbedingung:    Reisender ruft den Flight-Search-Dialog auf

1) Reisender gibt das Abflugdatum ein

Datum                                                        1 UI-I x 3 = **3**

2) Reisender gibt die ersten Buchstaben des Reiseziels ein (Name oder Code)

Teil von Name oder Code des Zielflughafens                   1 UI-I x 3 = **3**

3) System sucht in der Datenbank nach übereinstimmenden Flughäfen und zeigt eine Liste mit Namen und Codes an

Referenztabelle mit 2 Attributen                             2 REF x 1 = **2**

4) Reisender wählt einen Eintrag aus der Liste und klickt auf den Button „Search"

ID des ausgewählten Listeneintrags                           1 UI-I x 3 = **3**

5) System sendet eine Nachricht vom Typ „Flight Search Request" mit Datum und Flughafen-Code an das CRS

XML-Datei mit Datum und Flughafen-Code                       2 EXP x 1 = **2**

6) System empfängt eine Nachricht vom Typ „Flight Search Response" vom CRS und liest die Felder Abflugzeit, Ankunftszeit, Fluggesellschaft, Flugnummer, Klasse, Preis und Währung aller enthaltenen Flüge aus

XML-Datei mit Abflugzeit, Ankunftszeit, Fluggesellschaft, Flugnum-   7 IMP x 1 = **7**
mer, Klasse, Preis und Währung je Datensatz

7) System zeigt in einer Tabelle alle Flüge mit diesen Feldern an

Dialogtabelle mit den Spalten Abflugzeit, Ankunftszeit, Fluggesell-  7 UI-O x 1 = **7**
schaft, Flugnummer, Klasse, Preis und Währung

**Funktionaler Umfang = 27 FP**

Tabelle 4: Funktionaler Umfang von Beispiel-Use Case „Search Flight", gemessen mit DIP

Eine Zählung nach der DIP-Methode ist aufgrund dieser verhältnismäßig einfachen Unterscheidung der Punktwerte bereits manuell mit geringerem Aufwand verbunden als beispielsweise eine Function Point-Analyse. Außerdem kann sie leichter automatisiert werden, da die zu zählenden Datenelemente leicht aus konstruktiven Merkmalen, beispielsweise Code-Pattern, Datenbank-Metadaten, Modellen, XML-Schemata, usw. abgeleitet werden können.

## Vergleich der Messmethoden

Abbildung 11 zeigt die Ergebnisse von Umfangsmessungen mit den betrachteten funktionsorientierten Messmethoden[3, 4]:

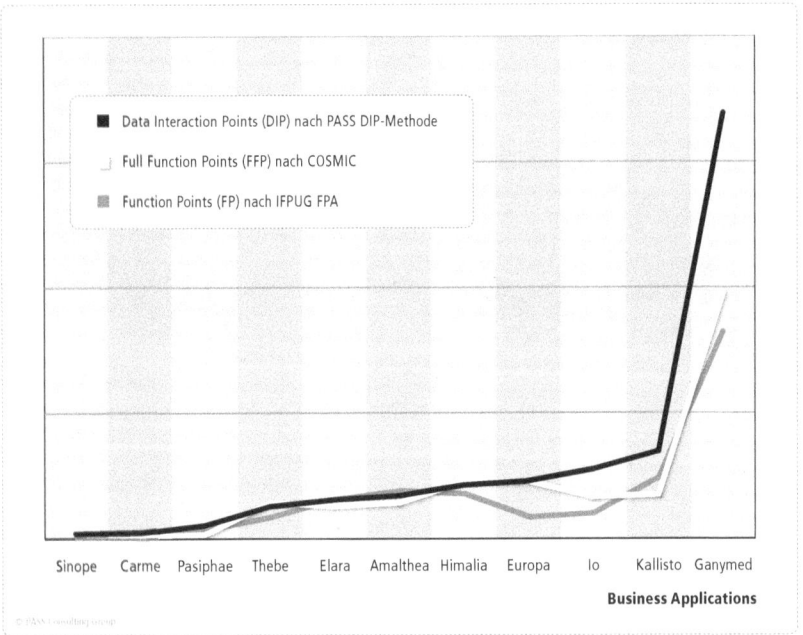

Abbildung 11: Vergleich von Umfangsmessungen nach FPA, COSMIC und DIP

---

3   Quelle: Felduntersuchung der PASS Consulting Group, Competence Center Project Governance. Die Namen der Systeme wurden geändert.

4   Die Messung der Function Points erfolgte analog zur Beschreibung der OMG [OMG/FP 2013].

Aufgrund der unterschiedlichen Systemtypen kann dieses Diagramm gut für eine Analyse von Stärken und Schwächen der eingesetzten Messmethoden herangezogen werden. Da es dabei eher auf die Größenverhältnisse zwischen den Systemen ankommt, wurden die mit den verschiedenen Methoden gemessenen Werte so skaliert, dass die Graphen möglichst übereinander liegen. Das Diagramm zeigt keine Skalenwerte, da sie für diese Betrachtung nicht relevant sind. Auf der linken Seite sind verhältnismäßig einfache, kleine Systeme aufgeführt. Bis zu System Himalia stimmt der relative Zuwachs des gemessenen Umfangs zwischen den verschiedenen Messmethoden einigermaßen überein.

Bei Europa handelt es sich um ein Transaktions-/Echtzeit-System, das zahlreiche unterschiedliche Nachrichten mit insgesamt über 22.000 verschiedenen Datenelementen empfängt und versendet, ohne Benutzeroberfläche und ohne eine Datenbank. Dort liefert die Function Point-Analyse einen deutlich niedrigeren Messwert als die anderen Methoden.

Die Systeme Io und Kallisto sind Geschäftsanwendungen mit je etwa 100 Masken sowie einer Datenbank mit über 200 Tabellen und ca. 5.000 Attributen. Dabei hat Kallisto deutlich komplexere Masken als Io, was bei der Function Point-Analyse und der Data Interaction Point-Methode zu einem höheren Messwert führt. Die COSMIC-Methode liefert für beide Systeme einen annähernd gleichen Messwert, da sie Komplexität nicht berücksichtigt.

Bei Ganymed handelt es sich schließlich um einen Teil eines Bankensystems mit etwa 2.500 Masken, einer Datenbank mit mehr als 30.000 Attributen und Schnittstellen mit insgesamt ca. 20.000 Import/Export-Attributen. Die Analyse dieses sehr großen Systems wurde dadurch erleichtert, dass eine Sprachmigration von RPG nach Java durchgeführt wurde und dadurch zuverlässige, leicht automatisiert zu verarbeitende Strukturinformationen vorlagen.

Viele große, vor allem ältere, Systeme zeichnen sich durch eine hohe Anzahl an Datenelementen in den einzelnen Masken und auch in den Tabellen der Datenbank aus. Auch die Datenstrukturen der Schnittstellen haben meist eine enorme Größe. Ganymed ist ein Vertreter dieses Typs. Der geringe Anstieg der Messergebnisse, den die Function Point-Methode bei zunehmender Systemgröße zeigt, ist daher mit größter Wahrscheinlichkeit auf das Zählen mit der Granularität von Datenbeständen und Elementarprozessen zurückzuführen. Hinzu kommt, dass die Punktwerte durch die Verwendung von dreistufigen, nach oben offenen, Intervallskalen fehlerbehaftet sind, da sie sich ab einer gewissen Größe nicht mehr unterscheiden. So haben beispielsweise Datenstrukturen (ILFs) mit mehreren Feldgruppen (RETs) immer den Punktwert 15, sobald ihre Anzahl an unterschiedlichen Feldern (DETs) mehr als 50 beträgt – ungeachtet der Tatsache, dass Datenstrukturen älterer Systeme häufig mehrere Hundert unterschiedliche Felder enthalten können. Bei der DIP- und auch bei der COSMIC-Methode führt das direkte Zählen der Datenelemente in diesen Fällen zu einem größeren Anstieg der Messwerte. Dabei ist der Messwert der DIP-Methode höher, da dort beispielsweise Eingabeelemente in den Masken und persistierte Datenelemente in den Tabellen stärker gewichtet werden.

Die Anwendung der zu Beginn dieses Kapitels beschriebenen Gütekriterien auf die betrachteten Messmethoden ergibt folgendes Bild:

## Objektivität

| | |
|---|---|
| Function Point-Analyse<br>COSMIC-Methode<br>DIP-Methode | Bei allen betrachteten Methoden sind die Ergebnisse unabhängig vom Messenden – entsprechende Methodenkenntnis vorausgesetzt. |

## Zuverlässigkeit

| | |
|---|---|
| Function Point-Analyse<br>COSMIC-Methode<br>DIP-Methode | Alle betrachteten Methoden sind Zählmethoden mit scharf definierten Regeln. Wiederholte Messungen desselben Messobjekts ergeben daher stets das gleiche Ergebnis. |

## Validität

| | |
|---|---|
| Function Point-Analyse | Vorteil: Die Messergebnisse korrelieren mit dem funktionalen Umfang nach ISO/IEC 14143.<br><br>Nachteil: Ab einer gewissen Größe von Elementarprozessen oder Datenbeständen unterscheiden sich diese nicht mehr in ihren Punktwerten. |
| COSMIC-Methode | Vorteil: Die Messergebnisse korrelieren mit dem funktionalen Umfang nach ISO/IEC 14143.<br><br>Nachteil: Keine Berücksichtigung der Komplexität von Datenbewegungen, was bei stark dialog- und datenbankorientierten Geschäftsanwendungen zu einem Ungleichgewicht führen kann.<br><br>Vorteil: Die Methode zählt im Rahmen der Anwendungsfälle stattfindende Zugriffe auf die Datenbank und nicht ihren statischen Umfang.<br><br>Die Methode ist gut geeignet für transaktionsorientierte Systeme mit wenig Persistenz und geringer Dialogfunktionalität. |

| DIP-Methode | Vorteil: Die Messergebnisse korrelieren mit dem funktionalen Umfang nach ISO/IEC 14143. |
| --- | --- |
| | Nachteil: Gegenüber einer Zählung der Schreib-/Lesezugriffe wie bei COSMIC birgt die statische Betrachtung der Datenbank Fehlerpotenzial, falls im Datenmodell Elemente gezählt werden, die keinen Bezug zu den Anwendungsfällen haben. |
| | Vorteil: Ermöglicht eine auf die zu messenden Anwendungstypen zugeschnittene Gewichtung der Punktwerte. Dadurch ist die Methode gut geeignet für Geschäftsanwendungen mit hohem Dialoganteil und umfangreichem Datenhaushalt. |
| **Unabhängigkeit von technologischen Aspekten** | |
| Function Point-Analyse | Alle betrachteten Methoden sind unabhängig von technologischen Aspekten. |
| COSMIC-Methode | |
| DIP-Methode | |
| **Messungen vorab wie auch revers möglich** | |
| Function Point-Analyse | Bei allen Methoden sind Messungen vor der Implementierung auf Basis funktionaler Spezifikationen, wie auch nachträglich durch Analyse konstruktiver Merkmale möglich. |
| COSMIC-Methode | |
| DIP-Methode | |
| **Ökonomie, Automatisierbarkeit** | |
| Function Point-Analyse | Bei allen Methoden ist der Aufwand stark von der Güte der vorliegenden Informationen bzw. von den Kenntnissen über Architektur und Design der zu messenden Anwendung abhängig. Bei ausreichender Qualität dieser Informationen können alle Messverfahren automatisiert werden. |
| COSMIC-Methode | |
| DIP-Methode | |

Tabelle 5: Vergleich von FPA, COSMIC und DIP-Methode

# Weitere Messmethoden

Selbstverständlich gibt es über die zuvor betrachteten Methoden hinaus noch zahlreiche weitere Messmethoden, die sich mehr oder weniger stark an der Funktionalität und nicht am Code einer Anwendung orientieren. Einige davon sind nachfolgend aufgeführt – ohne Anspruch auf Vollständigkeit

- Data Point-Methode, Sneed, 1989. Zählt Tabellen, Schlüssel, Relationen und Attribute in der Datenbank sowie deren Verwendung in Dialogen und Schnittstellen. Punktwerte werden geschätzt.

- Use Case Point-Methode, Karner, 1993. Zählt Anwendungsfälle und Akteure und verwendet für die Punktwerte dreistufige Intervallskalen.

- NESMA Function Point-Methode (ISO/IEC 24570), The Netherlands Software Metrics Users Association (NESMA), 2005. Neben Näherungsverfahren gibt es die Methode „Detailed FPC", die identisch mit der ursprünglichen FPA ist.

- Object Point-Methode, Sneed, 1994. Zählt auf Basis eines Klassenmodells Klassen, Prozesse und Nachrichten.

- Bang-Metrik, De Marco, 1982. Zählt ausgehend von der strukturierten Analyse Functional Primitives. Deren Punktwerte orientieren sich an der Anzahl der Input- und Output-Token.

- FISMA Function Point-Methode (ISO/IEC 29881), Finnish Software Measurement Association (FiSMA), 2009. Zählt die Systemgrenzen überschreitenden Datenelemente, deren algorithmische Verwendung und Schreib-/Lesezugriffe auf den Datenhaushalt. Punktwerte sind verwendungsbezogen.

- Mark II FPA-Methode (ISO/IEC 20968), United Kingdom Software Metrics Association (UKSMA), 1998. Basiert auf FPA. Zählt Elementarfunktionen und Zugriffe auf den Datenhaushalt und verwendet festgelegte Punktwerte.

Von vorrangiger Bedeutung ist es, dass ein Unternehmen überhaupt regelmäßig Messungen durchführt und über entsprechendes Methodenwissen verfügt. Soweit dies für das eigene Systemportfolio relevant ist, sollten bei der Wahl der Messmethode auch deren Eignung für besonders große Systeme, komplexe Verarbeitungen, usw. oder Aspekte der Automatisierbarkeit von Messungen berücksichtigt werden.

# V. Automatisierung und die Grenzen der Messbarkeit

# Messen als Querschnittsaufgabe

Kosten und Dauer von Umfangsmessungen müssen in einem vernünftigen Verhältnis zum Aufwand der Softwareentwicklung stehen. Andernfalls besteht die Gefahr der Vernachlässigung regelmäßiger Messungen. Diese sind jedoch wichtig, um Änderungen der Produktivität erkennen zu können – als Auswirkung von Verbesserungsmaßnahmen oder als ein sich abzeichnendes Problem, das eine tiefere Analyse und Steuerungsmaßnahmen erfordert. Ein Orientierungswert ist, dass die Umfangsmessung eines großen Systems mit mehreren hundert Dialogen nicht mehr als 2 Tage in Anspruch nehmen sollte. Da Mitarbeiter, die in Entwicklungsprojekten tätig sind, in der Regel eine hohe zeitliche Auslastung haben, bietet es sich an, die Messungen durch Mitarbeiter durchführen zu lassen, die nicht Teil der Projektorganisationen oder Entwicklungsteams sind. Dies hat außerdem den Vorteil, dass diese Mess-Experten entsprechendes Methodenwissen aufbauen können, das so in allen Projekten zur Anwendung kommen kann.

# Ansätze zur Automatisierung

Da es keine erstrebenswerte Aufgabe ist, regelmäßig Objekte einer Anwendung durchzuzählen, sollten Mess-Experten eine Automatisierung dieser Zählungen anstreben. Dies erfordert gute Kenntnisse des Anwendungsdesigns und entsprechende Skripte oder Programme zum Zählen der Entsprechung relevanter Datenelemente im Source Code, in Metadaten oder in Modellen der Anwendung. Nachfolgend einige Beispiele für Ansätze zu automatisierten Zählungen:

- GUI-Frameworks basieren oft auf Modellen oder Vorlagen der Dialoge. Technisch handelt es sich dabei meist um XML- oder XHTML-Dateien, die geparst und entsprechend der Häufigkeit bestimmter Tags analysiert werden können.

- Basieren Schnittstellen auf XML-Schemata oder einer Beschreibung in WSDL (Web Services Description Language), können diese Dateien ebenfalls geparst und analysiert werden. Dabei ist jedoch zu beachten, dass nicht jedes in einem Schema definierte Datenelement auch von den im zu messenden System implementierten Anwendungsfällen verwendet werden muss. Zu zählen sind die verwendeten Datenelemente, nicht alle in einer Datenstruktur definierten.

- Tabellen, Attribute und Relationen einer Datenbank lassen sich je nach verwendetem DBMS (Database Management System) als Metadaten aus den Systemtabellen des DBMS auslesen und durch ein Programm auswerten.

Auch wenn zunächst der Aufwand zur Erstellung von Zählprogrammen größer ist als eine manuell durchgeführte Zählung, macht sich diese Investition bei allen nachfolgenden Messungen im Rahmen der Weiterentwicklungen eines Systems mehr als bezahlt, wenn ein neuer Messwert sozusagen „auf Knopfdruck" ermittelt werden kann. Zu beachten ist dabei jedoch, dass Zählungen auf Basis eines implementierten Systems zu Unschärfen führen können.

# Unschärfen bei der Verwendung implementierter Systeme als Messobjekte

Dem Standard ISO/IEC 14143 folgend dürfen sich Umfangsmessungen ausschließlich an den Elementarprozessen der Anwendungsfälle orientieren und müssen unabhängig von technischen und nicht-funktionalen Aspekten sein. In der Praxis gerät dies oft in Konflikt mit der Forderung nach Ökonomie, da die Dokumentation aller Anwendungsfälle beispielsweise eines Bankensystems in der notwendigen Detaillierungstiefe aufwendig ist und oft, zumindest in dem erforderlichen Detaillierungsgrad, nicht betrieben wird. Daher wird man sich zwangsläufig, spätestens wenn ein System bereits implementiert ist und dessen Umfang nachträglich ermittelt werden soll, an konstruktiven Merkmalen orientieren, wie sie im vorhergehenden Kapitel beschrieben wurden. Die Automatisierung von Messungen ist meist gar nicht anders möglich.

Jede Abbildung von Anwendungsfällen auf konstruktive Merkmale eines Systems wird stark von Aspekten wie dem Design und der Wiederverwendung von Code beeinflusst. Als Beispiel mag ein Dialog dienen, der in mehreren Anwendungsfällen verwendet wird, die in den beiden Systemen A und B jeweils (unterschiedlich) umgesetzt wurden. In Anwendung A wurde der Dialog nur einmal implementiert und seine Funktionalität wird so geschickt von der Fachlogik gesteuert, dass er für mehrere Anwendungsfälle eingesetzt werden kann. In Anwendung B haben die Entwickler diesen Dialog für jeden Anwendungsfall, in dem er benötigt wird, nochmals implementiert, oder sie haben ihn kopiert und die Kopien jeweils entsprechend modifiziert. Eine automatische Umfangsmessung, die implementierte Dialoge bzw. Dialogelemente zählt, kommt im Fall des einmal implementierten und mehrfach verwendeten Dialogs zu einem geringeren Umfangswert als im Fall des mehrfach implementierten oder kopierten Dialogs. Dies ist jedoch nach ISO/IEC 14143 nicht korrekt, wenn die Anwendungsfälle sich zwischen den beiden Systemen nicht unterscheiden. Folglich misst man, wenn man sich an konstruktiven Merkmalen orientiert, eine konkrete Implementierung der Anwendungsfälle und nicht die Anwendungsfälle selbst.

Vergleicht man eine größere Zahl von Systemen, können diese Unterschiede durchaus ins Gewicht fallen. Dies gilt selbstverständlich auch für von Umfangsmessungen abgeleitete Metriken wie der Produktivität. Ein Indikator für einen die Wiederverwendbarkeit von Codestrukturen nutzenden Programmierstil ist das Verhältnis von Aufrufen zu Definitionen der Methoden bzw. Unterprogramme, durch die Fachlogik implementiert ist, d.h. ohne Berücksichtigung rein technischer Methoden:

$$i_{w,v} = \frac{\text{Methodenaufrufe}}{\text{Methodendefinitionen}}$$

Ein Verhältnis von Eins zeigt, dass jede Methode nur einmal aufgerufen wird. Je größer der Wert, umso häufiger werden Methoden verwendet und dadurch die Anzahl neu und wahrscheinlich redundant implementierter Methoden verringert. In der Praxis bewegen sich diese Werte häufig zwischen 2,5 und 10. Auf konstruktiven Merkmalen basierende Umfangsmessungen von Systemen mit einem derart unterschiedlichen Wiederverwendungsgrad (bezüglich Methoden bzw. Prozeduren) sind somit nur eingeschränkt vergleichbar. Aufgrund der beobachteten Bandbreite für $i_{w,v}$ könnte sich der gemessene Umfang zweier Systeme, die Implementierungen derselben Anwendungsfälle sind, bei extrem unterschiedlichem Wiederverwendungsgrad um den Faktor 4 unterscheiden.

Dieser Effekt kann sich bei systemübergreifenden Benchmarks auswirken, wenn sich die miteinander verglichenen Systeme im Design und insbesondere in Bezug auf den Wiederverwendungsgrad stark unterscheiden. Werden jedoch lediglich einzelne Systeme über ihren Lebenszyklus hinweg betrachtet, kann er meist vernachlässigt werden. Generell sollte man sich jedoch bei jeder Messung, die auf konstruktiven Merkmalen basiert, bewusst sein, wie groß die Abweichung gegenüber einer Idealmessung auf Basis von Elementarprozessen der Anwendungsfälle ist. Die Kenntnis der Unschärfen kann wichtig sein um zu entscheiden, mit welcher Toleranz eine Messung der Neuentwicklungsproduktivität betrachtet werden muss oder welcher Risikoaufschlag für eine Aufwandsermittlung angemessen ist.

# VI. Die Bedeutung der Komplexität

Nahezu alle bekannten funktionsorientierten Umfangsmetriken haben ein Problem mit der Berücksichtigung von Komplexität. Die COSMIC-Methode orientiert sich generell nicht an der Komplexität und zählt alle Datenbewegungen mit dem gleichen Punktwert. Die unterschiedliche Komplexität von Anwendungsfällen nivelliert sich zwar mit zunehmender Anzahl, jedoch bleibt eine Unschärfe, wenn nur in einer Dimension gemessen wird, d.h. nur die Anzahl der Datenelemente Berücksichtigung findet.

Komplexität gar nicht zu berücksichtigen erscheint fragwürdig. Das Dilemma ist jedoch, dass es unterschiedliche Arten der Komplexität gibt, deren Eignung für eine Umfangsmetrik nicht ohne Weiteres erkennbar ist.

## Die Komplexität einer Implementierung

Es gibt eine Vielzahl von Metriken, die Aspekte der Komplexität einer konkreten Implementierung bewerten. Eine der bekanntesten Komplexitätsmetriken wurde von Thomas J. McCabe im Jahre 1976 entwickelt. Sie misst die zyklomatische Komplexität eines Programms, d.h. die Anzahl der konditionalen Zweige in seinem Kontrollflussgraphen [McCabe 1976]. Dies entspricht der Anzahl der binären Entscheidungen plus 1, sodass man die zyklomatische Komplexität auch durch das Zählen von Anweisungen, die neue Zweige im Kontrollflussgraphen einführen, ermitteln kann. Dies sind Anweisungen wie „If", Iterationskonstrukte, logische Operatoren, usw.

Ein einfaches Beispiel dafür, wie unterschiedlich die zyklomatische Komplexität verschiedener Implementierungen derselben Anwendungsfälle sein kann, zeigen die Abbildungen 12 und 13. Beide Programme sind eine Implementierung der Anforderung „Berechne das Produkt zweier ganzer Zahlen a und b". Die zyklomatische Komplexität des Programms in Abbildung 12 beträgt 1, die des Programms in Abbildung 13 beträgt 6 (Basiswert 1 plus 3 If-Anweisungen plus 2 Schleifen). So absurd der in Abbildung 13 dargestellte Lösungsansatz auch anmuten mag – die Praxis zeigt, dass die Komplexität der Implementierung einer funktionalen Anforderung nicht immer den niedrigsten Idealwert erreicht, denn sie ist abhängig beispielsweise von den Kenntnissen der Programmiersprache wie auch der Erfahrung des Entwicklers.

```
c = a * b
```

```
If b = 0 Then
     c = 0
ElseIf b > 0 Then
     c = 0
     For i = 1 To b
          c = c + a
     Next i
ElseIf b < 0 Then
     b = Abs(b)
     c = 0
     For i = 1 To b
          c = c + a
     Next i
     c = -1 * c
End If
```

Abbildung 12: Programmbeispiel 1          Abbildung 13: Programmbeispiel 2

Einen anderen Aspekt der Komplexität bewertet die 1977 von Maurice Halstead entwickelte Metrik zur Messung der lexikalischen/textuellen Komplexität von Programmcode auf Basis des Vokabulars, d.h. der Menge verwendeter Operanden und Operatoren [Halstead 1977]. Ein weiteres Beispiel ist die Metrik „Response for a Class" (RfC) , welche die Komplexität einer Klasse durch das Zählen ihrer Methoden und der Kopplungen mit anderen Klassen errechnet [ITWissen 2014].

Das Problem dieser Metriken ist, dass sie die Komplexität einer konkreten Implementierung messen. Wie das Beispiel der Abbildungen 12 und 13 zeigt, kann es jedoch beliebig viele Implementierungen derselben funktionalen Anforderung geben, die sich durch sehr unterschiedliche Komplexitätswerte voneinander unterscheiden.

Metriken zur Bewertung der Komplexität einer konkreten Implementierung sind wichtig, wenn es um Aspekte wie Wartbarkeit oder Testbarkeit genau einer Implementierung geht. Ein anderes Entwicklungsteam hätte die gleichen funktionalen Anforderungen jedoch möglicherweise völlig anders umgesetzt – mit der Konsequenz einer besseren oder möglicherweise auch schlechteren Wartbarkeit. Für Produktivitätsmessungen ist diese Ahängigkeit von individuellen Programmierstilen oder technologischen Aspekten nicht wünschenswert, da sie die Validität der Messergebnisse einschränkt: Ein Projekt, das die gleichen funktionalen Anforderungen durch eine größere Menge umständlichen, unangemessen komplexen Programmcodes mit geringer Modularisierung und Wiederverwendung implementiert, würde sich durch eine höhere Produktivität auszeichnen. Es hätte mehr Output bei gleichem Aufwand produziert. Dies führt aber den Produktivitätsbegriff, wie er in Kapitel III definiert wurde, ad absurdum und bringt die Gefahr mit sich, dass Maßnahmen zur Verbesserung der Produktivität nur schlechte Codequalität fördern.

# Interaktionskomplexität

Funktionsorientierte Metriken messen den Umfang von Interaktionen zwischen dem betrachteten System und den Akteuren seiner Anwendungsfälle (seinen funktionalen Benutzern). Sie sollten sich daher auch an der Komplexität dieser Interaktionen bzw. der funktionalen Prozesse, die durch diese Interaktionen angestoßen werden, und nicht an der Komplexität einer Implementierung orientieren.

Bei der Function Point-Analyse geht die Komplexität in Form unterschiedlicher Punktwerte für die gezählten Elementarprozesse und die Systemgrenzen überschreitende Datenstrukturen ein. Wie zuvor beschrieben, wird dabei der Punktwert eines Zählobjekts von der Anzahl involvierter Datenelemente bzw. Strukturen abgeleitet, was zweifellos eine Metrik für die Komplexität der Interaktionen ist. Die Bestimmung dieser Punktwerte durch dreistufige Intervallskalen kann jedoch zu Unschärfen und Begrenzungen führen, deren praktische Auswirkungen am Ende von Kapitel IV aufgezeigt wurden.

Ein anderer Ansatz ist es, die Komplexität von Anwendungsfällen aus der Richtung der Datenbewegungen abzuleiten, wie im Fall der Data Interaction Point-Methode. Die Eingabe eines Datenelements in einen Dialog hat aufgrund der notwendigen Validierungen und der Persistenz eine höhere Komplexität als die reine Anzeige bzw. Ausgabe und wird daher mit einem höheren Punktwert gezählt. Ebenso ist das Schreiben eines Datenelements in die Datenbank aufgrund der Validierungen, Konsistenz- und Integritätsprüfungen usw. mit einer höheren Komplexität verbunden als ein reiner Lesezugriff. Der Vorteil solcher Unterscheidungen liegt in ihrer Eindeutigkeit, d.h. Eingabe- und Ausgabeelemente lassen sich selbst bei einer automatisierten Zählung meist leicht voneinander unterscheiden und präzise ermitteln. Hinzu kommt, dass die Anzahl der Eingabe- und die Anzahl der Ausgabeelemente den Umfangswert direkt und nicht wie im Fall der

Function Point-Analyse über Intervallskalen beeinflussen. Schwieriger wird diese Unterscheidung bei Schnittstellen, d.h. bei Datenbewegungen zwischen dem zu messenden System und anderen Systemen. Die Frage, ob die Aufbereitung von Daten zur Ausgabe an ein anderes System komplexer ist oder die Validierung und Verarbeitung eingehender Daten, kann nicht allgemein beantwortet werden. Im günstigsten Fall lassen sich Komplexitätsklassen in Abhängigkeit von Schnittstellentypen festlegen, deren Punktwerte mit der Komplexität der vor- bzw. nachgelagerten Funktionalität korrelieren. Falsch wäre es, die Komplexität zu schätzen, da verschiedene Schätzer meist zu unterschiedlichen Schätzwerten kommen und dies – nach der Summierung vieler geschätzter Punktwerte – die Objektivität einer Messmethode einschränken würde.

## Algorithmische Komplexität

Überall dort, wo Interaktionen eines Systems mit Menschen oder anderen Systemen im Vordergrund stehen, ist eine Umfangsmessung auf Basis der Anwendungsfälle sinnvoll, wie sie im Standard ISO/IEC 14143 beschrieben wird. Dabei orientiert man sich ausschließlich an den Datenbewegungen zwischen dem zu messenden System und den Akteuren der Anwendungsfälle sowie der Repräsentanz dieser Daten in der Datenbank.

Auf Systeme, bei denen diese Interaktionen nicht im Vordergrund stehen, die beispielsweise in der Hauptsache komplexe Algorithmen ausführen, lassen sich funktionsorientierte Umfangsmetriken, wie sie in diesem Buch beschrieben wurden, nur sehr eingeschränkt oder gar nicht anwenden. Dies mag am Beispiel eines Routenplanungsprogramms deutlich werden, das als Input eine Start- und mehrere Zieladressen erhält und als Output eine Liste von Streckenabschnitten liefert. Bei Verwendung einer funktionsorientierten Umfangsmetrik nach ISO/IEC 14143 würde man einen eher geringen Umfang und bei der Nachbetrachtung einer abgeschlossenen Implementierung wahrscheinlich eine sehr geringe Produktivität feststellen. Die hochkomplexen Planungsalgorithmen, deren Implementierung ohne jeden Zweifel einen hohen Aufwand verursacht, wären dabei völlig unberücksichtigt geblieben.

Das Beispiel eines Routenplanungsprogramms zeigt deutlich, dass eine Messung des funktionalen Umfangs, wie sie im Standard ISO/IEC 14143 beschrieben wird, ein – hinsichtlich Aufwands- bzw. Produktivitätsbetrachtungen – unvollständiges Bild des Output aus einem Softwareentwicklungsprozess ergibt, falls der Schwerpunkt des Systems in der Ausführung komplexer Algorithmen liegt. Die Antwort, wie Umfang und Produktivität solcher Systeme praxistauglich und im Sinne der Anforderungen aus Kapitel IV objektiv, zuverlässig und valide gemessen werden können, muss zunächst noch offen gelassen werden, da dieses Thema noch weiterer Untersuchungen bedarf. In der Praxis hat sich eine Aufteilung des zu messenden Systems hinsichtlich Komponenten mit hoher und niedriger algorithmischer Komplexität bewährt. Während so der Umfang des einen Teilsystems mit einer funktionsorientierten Metrik gemessen und auf dieser Basis der Aufwand ermittelt werden kann, sind Systemteile mit hoher algorithmischer Komplexität einer Expertenschätzung zu unterziehen.

# VII. Tipps zur praktischen Einführung

# Definition der Ziele

Der Aufwand zur Einführung einer Messmethode sowie der regelmäßigen Messungen und deren Auswertungen darf nicht unterschätzt werden. Eine Organisation sollte sich vorab über die angestrebten Ziele, die erforderlichen Anforderungen und den dadurch erreichbaren Nutzen im Klaren sein.

| Ziel | Anforderungen | Nutzen |
|------|---------------|--------|
| Verlässliche Planung neuer Entwicklungsvorhaben | Regelmäßige Messungen der Produktivität unter Anwendung der gleichen, möglichst validen Messmethode | Weniger bzw. keine Überschreitungen von Planterminen und Plankosten |
| Verbesserung der Produktivität | Benchmarks der Produktivitätsmessungen zwischen verschiedenen Organisationseinheiten | Einsparung von Entwicklungszeit und Kosten |
| Verbesserung der Qualität | Einführung regelmäßiger Qualitätsmessungen und Benchmarks zwischen verschiedenen Organisationseinheiten | Einsparung von Entwicklungszeit und Kosten |

Tabelle 6: Ziele, Anforderungen und Nutzen

Die in Tabelle 6 aufgeführten Ziele können nicht ad-hoc durch die angeordnete Einführung einer Messmethode erreicht werden. Die nachfolgenden Kapitel beschreiben grob die einzelnen Phasen eines solchen Projektes, das wie Entwicklungsprojekte auch Planung und Steuerung erfordert.

## Phase 1: Evaluierung und Justierung der Messmethode

Eine Organisation, die Produktivitätsmessungen durchführen möchte, sollte sich zu Beginn für eine Messmethode entscheiden, die zu den eigenen Systemen passt. Die Frage, die man sich dabei stellen muss, ist: Stehen Interaktionen der Systeme mit Menschen oder anderen Systemen im Vordergrund, oder zeichnen sich die Systeme eher durch eine hohe Komplexität ihrer Algorithmen aus? Für den ersten Fall gibt dieses Buch in Kapitel IV eine Orientierung und beschreibt Vor- und Nachteile verschiedener funktionsorientierter Umfangsmetriken. Im Fall einer hohen algorithmischen Komplexität kann eine einfach umzusetzende Empfehlung heute noch nicht gegeben werden. Es wird aber empfohlen, eine Aufteilung vorzunehmen in Systemteile, die mit Hilfe funktionsorientierter Metriken gemessen werden können und solche, die eine Expertenschätzung erfordern.

Bei der Methodenauswahl sollte man beachten, dass nicht immer die Methode von Vorteil ist, über die am häufigsten publiziert und diskutiert wird. Jede Form der Schätzung ist zu vermeiden. Nur das Zählen von Objekten nach eindeutigen Regeln führt zu validen Messungen. Sinnvoll können Anpassungen der Punktwerte sein, um die Gewichtung der verschiedenen Interaktionstypen (Dialogein-/ausgaben, Schnittstellen, Datenbankzugriffe) besser an deren Komplexität in der zu messenden Anwendung anzupassen, was jedoch zu Einschränkungen in der Vergleichbarkeit verschiedener Systeme führen kann.

In der späteren Praxis ist nach jedem neuen Release bzw. Inkrement einer Anwendung ein neuer Messwert zu ermitteln. Um den Aufwand für diese regelmäßigen Messungen möglichst gering zu halten, sollte einhergehend mit der Auswahl einer Messmethode auch ihre Automatisierbarkeit evaluiert werden. Dies erfordert neben guten Kenntnissen der Messmethode auch tiefgehende Kenntnisse des Anwendungsdesigns wie auch der praktizierten Softwareentwicklungsprozesse und -Methoden. Bei der Automatisierung von Messungen sollte man auch mögliche Einschränkungen in der Vergleichbarkeit unterschiedlicher Systeme in Betracht ziehen, wie sie in Kapitel V beschrieben wurden.

Hat man sich für eine Methode entschieden, ist eine präzise Festlegung der Zählregeln erforderlich, die durchaus konkreten Bezug auf die eigenen Systeme nehmen kann und beschreibt, welche Objekte in welchen Kategorien gezählt werden und welche nicht. Durch diese präzise Regeldefinition muss vermieden werden, dass es bei der Anwendung der Regeln Interpretationsspielraum gibt. Dieser könnte von Entwicklungsverantwortlichen genutzt werden, um den Output zu maximieren und dadurch ihre Kosten in einem besseren Licht dastehen zu lassen.

Die Phase der Evaluierung und Justierung ist dann zu Ende, wenn anhand von Messwerten die Erfüllung der zu Beginn von Kapitel IV beschriebenen Anforderungen an eine Umfangsmetrik bestätigt werden kann. Beachten sollte man dabei, dass jede spätere Änderung an der Messmethode zum Verlust der Vergleichbarkeit bisher erhobener Messungen führen kann.

# Phase 2: Praktische Einführung, Erhebung von Vergleichswerten

Die in Tabelle 6 aufgeführten Ziele können erst dann erreicht werden, wenn eine ausreichende Anzahl von Messungen vorliegt, die unter Anwendung der gleichen

Messmethode erhoben wurden. Je nach Häufigkeit neuer Entwicklungsvorhaben bzw. der Releasezyklen kann die Dauer dieser Phase ein halbes bis zwei Jahre betragen.

Neben der Sammlung von Vergleichswerten, die später als Grundlage für die Vorhersage des Aufwands geplanter Entwicklungsvorhaben dienen sollen, ist der Wissensaufbau ein bedeutendes Ziel dieser Phase. Alle Beteiligten sollen die Grundlagen des Messens, die verwendeten Methoden und die Regeln verstehen. Um dies zu erreichen, muss das Wissen in expliziter Form jedem betroffenen Mitarbeiter zugänglich sein, die Teilnahme an Fortbildungsmaßnahmen muss möglich und Ansprechpartner müssen verfügbar sein, die kurzfristige Fragestellungen kompetent klären können. Zu beachten ist auch, dass Softwaremetrie bei vielen Informatik-Studiengängen keine große Bedeutung hat bzw. gar nicht gelehrt wird, sodass oft der Aufbau von Grundlagenwissen aus der Informatik, mitunter auch die Schaffung der mathematischen Grundlagen, eine erste hinreichende Maßnahme sein muss, damit die Messungen verstanden und akzeptiert werden.

Ein weiteres Ziel dieser Phase ist, wie in Kapitel III beschrieben, die organisatorische Sicherstellung einer zuverlässigen Aufwandserfassung für alle Tätigkeiten im Zusammenhang mit der Softwareentwicklung, ohne die Produktivitätsmessungen nicht möglich sind.

Für die Dokumentation von Messungen sind einheitliche Vorlagen zu erstellen. Durch sie müssen die Ergebnisse der Messungen nachvollziehbar werden. Dies ist beispielsweise durch eindeutige Verweise auf die angewendeten Regeln und die Zählobjekte möglich.

# Phase 3: Praktische Nutzung der Messungen

Erst eine ausreichende Anzahl von Messungen ist geeignet, den Aufwand geplanter Entwicklungsvorhaben vorhersagbar zu machen bzw. eine kontinuierliche Verbesserung von Produktivität und Qualität herbeizuführen. Es ist durchaus sinnvoll, schon in Phase 2 den zu erwartenden Aufwand vorab auf Grundlage der bisher erhobenen Messungen testweise zu bestimmen, diese Zahlen jedoch zunächst noch mit einer gewissen Skepsis zu betrachten. Nach Abschluss der Entwicklungsprojekte zeigt der tatsächlich benötigte Aufwand, wie verlässlich die Methoden bereits sind. Bei Abweichungen sind eventuell noch weitere Vergleichswerte zu sammeln, unter Umständen ist auch eine Justierung der Messmethode erforderlich, wie sie in Phase 1 beschrieben wurde.

Mit Beginn einer praktischen Nutzung der Messungen sollte das Unternehmen ein Managementsystem einführen, um das Ziel einer Produktivitätssteigerung systematisch voranzutreiben. Dort sollten neben den Messmethoden Zyklen festgelegt sein, in denen diese angewendet, Leistungskennzahlen auf Basis der Messwerte erhoben, ausgewertet, auf Grundlage der Auswertungen Verbesserungsmaßnahmen identifiziert und ihre Durchführung nach Kosten-/Nutzen-Aspekten beurteilt werden. Dies ist Gegenstand des zweiten Buchs in dieser Buchreihe mit dem Untertitel „Managementmodell, Aufwandsermittlung und KPI-basierte Verbesserung".

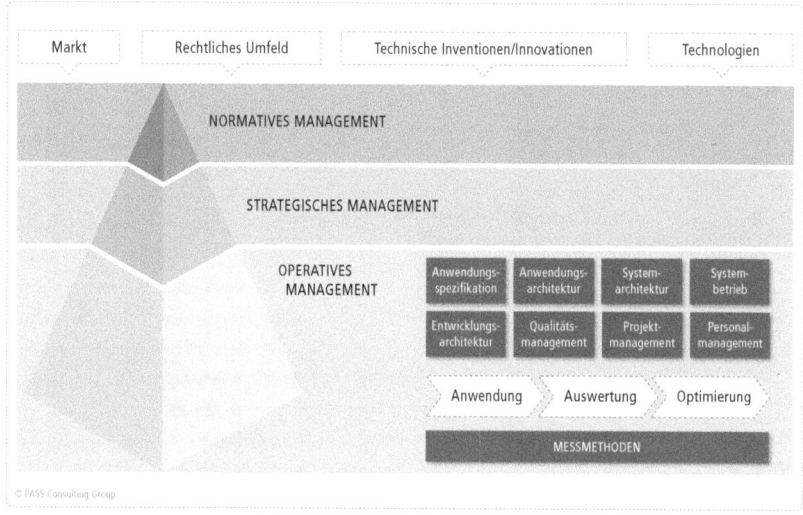

Abbildung 14: Managementmodell zur Produktivitätssteigerung in der Softwareentwicklung

# VIII. Fazit

Die Erfindung der Dampfmaschine leitete eine industrielle Revolution ein, die unsere Welt tiefgreifend verändert hat. Starkes Wirtschaftswachstum war die Folge. Nach einigen Jahren stießen jedoch sowohl die Zulieferung von Rohstoffen als auch die Verteilung der industriell gefertigten Güter aufgrund der damaligen Beförderungsmittel an ihre Grenzen. Es folgte ein Abschwung. Erst die Erfindung der Eisenbahn und die Schaffung eines länderübergreifenden Schienennetzes, die einen zuverlässigen Transport über weite Strecken möglich machten, förderten einen erneuten Wirtschaftsaufschwung. Nach einigen Jahren folgten neue Restriktionen und jeweils nach einer Phase des Abschwungs wieder neue bedeutende Innovationen, durch die ein Aufschwung eingeleitet wurde. Die letzte Innovation in dieser zyklischen Entwicklung ist das Internet. Es ermöglicht jedem Unternehmen den Eintritt in globale Märkte, stellt es dadurch jedoch in einen Zeit- und Innovationswettbewerb: Preise, Leistungsdaten, Lieferzeiten, Kundenbewertungen usw. werden im globalen Maßstab vergleichbar. Änderungen im Angebot der Mitbewerber werden von den Kunden unmittelbar wahrgenommen und setzen Anbieter dadurch unter sofortigen Zugzwang. Durchsetzen können sich jene Unternehmen, die ihre Produkte den richtigen Zielgruppen im richtigen Moment und in attraktiver Weise anbieten, die für Kauf- und Zahlungsabwicklung nicht die wertvolle Zeit ihrer Kunden verschwenden und sicherstellen können, dass das Produkt möglichst im selben Moment beim Kunden eintrifft, in dem er auf den Kaufen-Button geklickt hat. Mit anderen Worten: Die Wettbewerbsfähigkeit von Unternehmen hängt heute davon ab, dass sie neue Ideen und Innovationen möglichst schnell in Gestalt von IT-Lösungen, d.h. durch Software, umsetzen können.

Von Software entwickelnden Unternehmen erwartet man kurze Entwicklungszyklen und eine zuverlässige Entwicklungsplanung. Standardisierung, Wiederverwendung und Automatisierung sind bewährte Maßnahmen, um den Entwicklungs- und Wartungsaufwand zu reduzieren. Viele Unternehmen planen ihre Projekte jedoch noch durch reines Schätzen und steuern sie durch „Management des Verbrauchs", d.h. durch eine ausschließliche Kontrolle des Restbudgets. Zur zuverlässigen Planung von Entwicklungsprojekten wird jedoch einerseits eine Methode benötigt, um den Umfang der zu erstellenden Software zu bestimmen, andererseits ist eine genaue Kenntnis der eigenen Produktivität (Effizienz) erforderlich, die man nur durch regelmäßige Messungen abgeschlossener Entwicklungsprojekte erhält.

Seit den 70er Jahren wurden viele Umfangsmetriken entwickelt. Für Systeme, bei denen der Schwerpunkt auf Interaktionen mit Benutzern oder anderen Systemen liegt, hat sich der Standard ISO/IEC 14143 bewährt. Metriken, die sich daran orientieren, berücksichtigen Anwendungsfälle bzw. funktionale Anforderungen und zählen Informationselemente, die zwischen dem zu messenden System und seinen Akteuren, d.h. Anwendern wie auch Fremdsystemen, ausgetauscht bzw. im Datenhaushalt persistent abgelegt werden. Unterscheidungsmerkmale der heute gängigen funktionsorientierten Metriken sind der Verzicht auf Schätzungen, Intervallskalen oder Näherungsverfahren zugunsten des Zählens von Informationselementen sowie die Berücksichtigung der Komplexität von Anwendungsfällen.

Für die Ermittlung des für ein geplantes Entwicklungsvorhaben erforderlichen Aufwands wird neben dem Umfang der zu erstellenden Software ein Erfahrungswert für die zu erwartende Produktivität benötigt. Erfahrungswerte stehen jedoch nicht sofort zur Verfügung, nachdem ein Unternehmen Messungen eingeführt hat. Sie erfordern nachträgliche Produktivitätsmessungen möglichst vieler abgeschlossener Entwicklungsprojekte, d.h. Messungen des Umfangs der entwickelten Software (des Outputs) und der dafür aufgewendeten Personentage (des Inputs).

Neben einer immer verlässlicheren Planungsgrundlage ermöglichen regelmäßige Produktivitäts- und Qualitätsmessungen Vergleiche (Benchmarks) zwischen verschiedenen Organisationseinheiten, lassen Handlungsbedarfe erkennen, wo die gemessene Produktivität deutlich unter dem Erwartungswert liegt, und geben

Orientierung, was die Wirksamkeit von Verbesserungsmaßnahmen angeht. Dies richtig eingesetzt, ist der Schlüssel zur kontinuierlichen und nachhaltigen Verbesserung der eigenen Softwareentwicklung. Die Beschreibung eines entsprechenden Managementmodells ist Gegenstand des zweiten Buchs dieser Buchreihe.

# Glossar

## Agile Softwareentwicklung

Art der Softwareentwicklung, die sich durch →inkrementelle Entwicklung, Verbesserungen durch Lernen einzelner Mitarbeiter wie auch der Organisation, sowie enge Zusammenarbeit aller Beteiligten auszeichnet.

## Akteur

Anwender oder externes System, der/das im Rahmen eines →Anwendungsfalls mit einem System interagiert.

## Algorithmus

Endliche Folge von ausführbaren Einzelanweisungen zur Lösung eines Problems.

## Algorithmische Komplexität

→Komplexität der Programmlogik.

## Anwendungsarchitektur

Auch: Anwendungsdesign, Softwarearchitektur oder Softwaredesign. Festlegung des grundsätzlichen Aufbaus einer Anwendung aus Komponenten, deren Zuständigkeiten, Schnittstellen und ihrer Kommunikation untereinander.

## Anwendungsfall

Auch: Use Case. Ein Anwendungsfall bündelt alle möglichen Szenarien, die eintreten können, wenn ein →Akteur versucht, mit Hilfe des Systems ein bestimmtes fachliches Ziel zu erreichen. Er beschreibt, was inhaltlich beim Versuch der Zielerreichung passieren kann, und abstrahiert von konkreten technischen Lösungen [Cockburn 2002].

## Auslieferungsproduktivität

→Produktivität, die sich auf den tatsächlichen Umfang eines ausgelieferten Systems bezieht und somit auch wiederverwendete Komponenten einschließt.

## Baseline

Im Projektmanagement der Ausgangsplan, gegen den der Projektfortschritt gemessen wird. Im IT-Controlling der Bezugswert in einem →Benchmark.

## Basis-Funktionskomponente

Auch: Base Functional Components, BFC. Basis-Funktionskomponenten sind Aktionen eines →Anwendungsfalls, die nach →ISO/IEC 14143 die Grundlage des →Functional Size Measurement sind.

## Benchmark

Vergleichende Analyse von Ergebnissen oder Prozessen mit einem festgelegten Bezugswert und/oder Vergleichsprozess.

## Cloud

Auch: Cloud Computing. →Virtualisierung von IT-Infrastruktur und deren Bereitstellung über das Internet.

## Codemetrik

Methode zur Ermittlung des Softwareumfangs auf Basis von Eigenschaften des Quellcodes.

## COSMIC

Common Software Measurement International Consortium, ein internationaler Zusammenschluss von Schätzexperten und Organisationen mit dem Ziel der Förderung und Verbreitung der →COSMIC-Methode.

## COSMIC-Methode

Auch: →Full Function Point-Methode. Methode zur Ermittlung des Softwareumfangs durch Zählen von Datenbewegungen im Rahmen der Anwendungsfälle. Standardisiert in der Norm →ISO/IEC 19761.

## Data Interaction Point-Methode

Auch: DIP-Methode. Methode zur Ermittlung des Softwareumfangs durch Zählen von Interaktionen zwischen den Akteuren und einem System.

## Delphi-Methode

Erweiterte →Expertenschätzung, bei der das Schätzobjekt möglichst feingranular auf Basis von Erfahrungswerten der Schätzer beurteilt wird. Sie zeichnet sich durch eine formalisierte Anwendung unter Einbeziehung mehrerer Experten und eines Moderators aus.

## Effektivität

Verhältnis von erreichtem zu definiertem Ziel.

## Effizienz

Betrachtet die Wirtschaftlichkeit der Produktion hinsichtlich einer Kosten/Nutzen-Relation. In der Softwareentwicklung definiert als Output durch Input.

## Elementarprozess

Andere Bezeichnung für eine →Basis-Funktionskomponente, wie sie in →ISO/IEC 14143 definiert wird.

## EN ISO 9000

Normenreihe, die Grundsätze für Maßnahmen zum Qualitätsmanagement beschreibt.

## Expertenschätzung

Aufwandsschätzung durch mehrere Personen auf Basis ihrer Erfahrung und durch Vergleich mit bereits durchgeführten ähnlichen Aufgaben.

## Explizite Anforderung

Anforderung, die mit dem Auftraggeber bzw. Produktverantwortlichen explizit vereinbart und nachvollziehbar dokumentiert wurde.

## Externer Benchmark

→Benchmark zum Vergleich eigener Messwerte mit denen anderer Organisationen.

## Fehler

Nichterfüllung bzw. Abweichung von einer →expliziten oder →impliziten Anforderung.

## Fehlerdichte

Indikator für die →Qualität eines Systems, der aus der Anzahl von →Fehlern in einem definierten Zeitabschnitt relativ zum Systemumfang gebildet wird.

## Fehlerursachenanalyse

Methode zur Identifikation der am Anfang der Ursache-Wirkungs-Kette stehenden Ursache für einen →Fehler.

## Full Function Point-Methode

Auch: FFP. Ursprüngliche Bezeichnung der →COSMIC-Methode.

## Functional Size Measurement

Auch: FSM. In der Norm ISO/IEC 14143 standardisierte Methode zur Messung des Systemumfangs auf Basis von →funktionalen Anforderungen.

## Function Point-Analyse

Auch: FPA. Methode zur Ermittlung des Softwareumfangs durch Zählen von Elementarprozessen und Datenbeständen im Rahmen der Anwendungsfälle. Standardisiert in der Norm →ISO/IEC 20926.

## Funktionale Anforderung

Auch: Functional User Requirement, FUR. Beschreibt ein gewünschtes Verhalten des laufenden Systems.

## Funktionaler Benutzer

Erweiterung des Begriffs →Akteur. Funktionale Benutzer können Menschen, externe Systeme oder beliebige Ein-/Ausgabegeräte sein.

## IFPUG

International Function Point Users Group, gemeinnützige Gesellschaft zur internationalen Standardisierung und Förderung der →Function Point-Analyse.

## Implizite Anforderung

Gängige Erwartung an eine nicht-funktionale Eigenschaft, ohne dass eine entsprechende Anforderung →explizit vereinbart und dokumentiert ist.

## Individualsoftware

Software, die auf spezielle Anforderungen eines Kunden zugeschnitten ist.

## Industrielle Softwareentwicklung

Anwendung von Methoden der industriellen Produktion auf die Softwareentwicklung, insbesondere Standardisierung und Wiederverwendung, Automatisierung und das Messen von Leistung und Ergebnisqualität.

## Inkrementelle Entwicklung

Teile des Systems werden zu verschiedenen Zeiten entwickelt und das System jeweils um die fertig gestellten Teile erweitert.

## Innovation

Von einer Innovation spricht man, wenn eine neue Idee oder Erfindung in Form eines Produktes oder einer Dienstleistung wirtschaftlich umgesetzt worden ist.

## Innovationswettbewerb

Auswirkung der durch das Internet verursachten Marktdynamik, dass sich Unternehmen neben dem →Zeitwettbewerb hauptsächlich durch Innovationen von der großen Masse ihrer Mitbewerber abheben können.

## Interaktionskomplexität

→Komplexität der Interaktionen zwischen →Akteuren und dem betrachteten System im Rahmen seiner →Anwendungsfälle.

## Interner Benchmark

→Benchmark zum Vergleich von Messwerten ausschließlich aus der eigenen Organisation.

## Intervallskala

Metrische Skala, bei der Ausprägungsgrade durch Intervalle der Messwerte festgelegt sind.

## ISO/IEC 14143

Standard des →Functional Size Measurement

## ISO/IEC 19761

Standard der →COSMIC-Methode

## ISO/IEC 20926

Standard der →Function Point-Analyse

## ISO/IEC 25010

Standard für Softwarequalität. Beschreibt Qualitätsmerkmale und ihre Ausprägungen. Löst den Standard ISO/IEC 9126 ab.

## Iterative Entwicklung

Schrittweise Verfeinerung der Umsetzung von Anforderungen. Meist wird mit technisch und inhaltlich riskanten Anforderungen begonnen und das System mit jeder weiteren Iteration dem gewünschten Ziel angenähert.

## Key Performance Area

Auch: KPA. Bereich, der einen Einfluss auf Prozess- oder Produkteigenschaften ausübt. Die Kenntnis der KPAs mit starkem Einfluss auf einen →Key Performance Indikator ist eine wichtige Voraussetzung für dessen gezielte Verbesserung.

## Key Performance Indikator

Auch: KPI oder Leistungskennzahl. Im Kontext des IT-Managements Ergebniswert einer Metrik, der den Fortschritt eines Prozesses oder den Erfüllungsgrad einer Produkteigenschaft abbildet.

## Komplexität

In der Softwareentwicklung versteht man unter Komplexität den Aufwand zum Verstehen eines Programms oder →Algorithmus.

## Komponente

Abgeschlossener und wiederverwendbarer Softwarebaustein, der Dienste über wohldefinierte Schnittstellen zur Verfügung stellt und ohne Änderungen mit anderen Komponenten verknüpft und ausgeführt werden kann.

## Kondratjew-Zyklen

Zyklen der Wirtschaftsentwicklung, die gemäß einem Modell des Wirtschaftswissenschaftlers Nikolai Kondratjew durch Innovationen ausgelöst werden.

## Kontinuierlicher Verbesserungsprozess

Prozess stetiger kleiner Verbesserungsschritte. In der IT ein sich immer wiederholender Zyklus aus der Identifikation möglicher Verbesserungen aufgrund von Fehlerursachenanalysen und Benchmarks, ihrer Planung, Umsetzung und Prüfung der Wirksamkeit.

## Managementmodell

Vorlage für die Implementierung eines →Managementsystems.

## Managementsystem

Beschreibt die Aufgaben des Managements in einem bestimmten Kontext und Methoden zur Steuerung und Kontrolle der Zielerreichung.

## Metrik

Hier: Softwaremetrik. Funktion, welche eine Eigenschaft eines Produkts oder eines Prozesses in einen Zahlenwert, auch Maßzahl genannt, abbildet.

## Neuentwicklungsproduktivität

Prozessleistung bei der Entwicklung eines neuen Systems.

## Nicht-funktionale Anforderung

Auch: Non-functional User Requirement, NFUR. Beschreibt für ein Produkt die gewünschte Eigenschaft eines Qualitätsmerkmals wie in →ISO/IEC 25010 beschrieben.

## Object Management Group

Konsortium, das sich mit der Entwicklung von Standards für die herstellerunabhängige systemübergreifende Objektorientierte Programmierung beschäftigt [OMG 2015].

## Objektivität

Eine →Metrik ist objektiv, wenn die Messwerte unabhängig vom Messenden sind.

## Ökonomie

In der Softwareentwicklung die Laufzeit- bzw. Kostenminimierung von Systemen oder Prozessen.

## Persistenz

Fähigkeit eines Systems, Daten (oder Objekte) oder logische Verbindungen über lange Zeit (insbesondere über einen Programmabbruch hinaus) bereitzuhalten.

## Produktivität

Prozessmetrik. In der Softwareentwicklung wird als Produktivität meist die →Effizienz betrachtet.

## Prozessmetrik

→Metrik zur Messung der Eigenschaft eines Prozesses. →Produktivität ist eine Prozessmetrik zur Messung der →Effizienz.

## Qualität

Erfüllungsgrad →expliziter und →impliziter Anforderungen.

## Qualitätsmerkmal

Aspekt der Qualität. Die Norm →ISO/IEC 25010 beschreibt Qualitätsmerkmale.

## Qualitätssicherung, analytische

Oberbegriff aller Tätigkeiten zur Suche, Behebung und Nachverfolgung von →Fehlern.

## Qualitätssicherung, konstruktive

Oberbegriff aller Maßnahmen zur Verhinderung von →Fehlern, beispielsweise durch vorgegebene Prozesse, Methoden, Richtlinien, Werkzeuge usw.

## Standardsoftware

Im Gegensatz zur →Individualsoftware deckt Standardsoftware einheitliche Anforderungen vieler Kunden ab.

## Systemarchitektur

Festlegung des grundsätzlichen Aufbaus eines Systems aus Komponenten wie beispielsweise Anwendungen, Schnittstellen, Datenbankmanagementsysteme, Applikationsserver usw.

## Technische Schulden

Vernachlässigungen bei der Neuentwicklung eines Systems, die sich durch eine schlechte →Wartbarkeit und eine geringe →Weiterentwicklungsproduktivität auswirken.

## Testabdeckung

→Metrik zur Messung des Anteils von auf →Fehler überprüften →Elementarprozessen, Zweigen des Programmablaufplans, Codezeilen, usw. gegenüber der Gesamtmenge.

## Testautomation

Automatisierte Ausführung von Testfällen, beispielsweise durch automatisierte Komponententests, End-to-End-Tests oder Belastungstests.

**Umfangsmetrik**

→Metrik zur Messung der Größe eines IT-Systems. Je nach Messverfahren kann sich die Messung auf den Funktionsumfang, die Programmlänge usw. beziehen.

**Validität**

Eine →Metrik ist valide, wenn die Messwerte die zu messende Größe repräsentieren.

**Virtualisierung**

Simulation eines physikalischen Objekts oder einer Ressource mit Hilfe der IT.

**Wartbarkeit**

Kriterium für den Erfolg und Aufwand von Änderungen. Es gibt Metriken, die vorab als Indikator für die Wartbarkeit eines Systems dienen. Eine schlechte Wartbarkeit wirkt sich nachteilig auf die →Weiterentwicklungsproduktivität aus.

**Weiterentwicklungsproduktivität**

Prozessleistung bei der Weiterentwicklung eines bereits bestehenden Systems.

**Wissensarbeit**

Tätigkeit, deren erfolgreiche Ausübung Wissen erfordert. Dies kann bereits erworbenes implizites Wissen des Wissensarbeiters sein, neues implizites Wissen, das sich der Wissensarbeiter zur Durchführung der Tätigkeit aneignet oder auch explizites Wissen, das der Wissensarbeiter recherchiert oder das ihm im Rahmen des Wissensmanagements zur Verfügung gestellt wird.

## Zählobjekt

Objekt, das Gegenstand der Zählung durch eine →Umfangsmetrik ist, die auf definierten Regeln basiert.

## Zeilenmetrik

→Umfangsmetrik, bei der Codezeilen gezählt werden.

## Zeitschere

Das Dilemma aufgrund der Marktdynamik im Internet (→Zeitwettbewerb) und der zunehmenden Komplexität neuer Produkte, Dienstleistungen oder IT-Systeme, die Wettbewerbsvorteile ermöglichen.

## Zeitwettbewerb

Fokussierung der Anbieter von Produkten und Dienstleistungen im Internet auf die Zeit bis zur Markteinführung als strategischer Wettbewerbsvorteil.

## Zuverlässigkeit

Eine →Metrik ist zuverlässig, wenn wiederholte Messungen des gleichen Messobjekts zum gleichen Ergebnis kommen.

## Zyklomatische Komplexität

Auch: McCabe-Metrik. →Komplexität einer konkreten Implementierung, die auf der Anzahl der unabhängigen Pfade ihres Kontrollflussgraphen basiert. Die Metrik wurde 1976 von Thomas J. McCabe entwickelt.

# Literaturverzeichnis

**Alex 1997** J. Alex (1997): „Wege und Irrwege des Konrad Zuse". Spektrum der Wissenschaft 1/1997: 78.

**Cockburn 2002** Alistair Cockburn (2002): „Use cases, ten years later". URL http://a.cockburn.us/2098 (11.02.2015).

**Cohen/Schmidt 2013** Jared Cohen/ Eric Schmidt (2013): „The New Digital Age: Reshaping the Future of People, Nations and Business". John Murray Publishers.

**COSMIC 2015** COSMIC (2015): Website of the Common Software Measurement International Consortium. URL http://www.cosmicon.com (11.02.2015).

**COSMIC FSM 2014** COSMIC FSM (2014): „The COSMIC Functional Size Measurement Method Version 4.0; Measurement Manual; The COSMIC Implementation Guide for ISO/IEC 19761:2011".URL http://www.cosmicon.com/portal/public/MM4.pdf (11.02.12015).

**Grönroos/Ojasalo 2002** Christian Grönroos/Katri Ojasalo (2002): „Service productivity - Towards a conceptualization of the transformation of inputs into economic results in services". Journal of Business Research 57 (2004): 414–423. URL http://ipam5ever.com.sapo.pt/profile/Service%20Productivity%20JBR.pdf (02.05.2014).

**Halstead 1977** Maurice Howard Halstead (1977): „Elements of Software Science (Operating and programming systems series)". Elsevier Science Ltd., New York.

**ISO/IEC 14143 2007** ISO/IEC 14143-1:2007 (2007): „Information technology -- Software measurement -- Functional size measurement -- Part 1: Definition of concepts". ISO (International Organization for Standardization).

**ISO/IEC 20926 2009** ISO/IEC 20926:2009 (2009): „Software and systems engineering -- Software measurement -- IFPUG functional size measurement method 2009". ISO (International Organization for Standardization).

**ITWissen 2014** ITWissen (2014): „Das große Online-Lexikon für Informationstechnologie: RFC (response for a class)". URL http://www.itwissen. info/definition/lexikon/RFC-response-for-a-class.html (02.05.2014).

**Korotayev/Tsirel 2010** Korotayev, Andrey V./ Tsirel, Sergey V. (2010): „A Spectral Analysis of World GDP Dynamics: Kondratiev Waves, Kuznets Swings, Juglar and Kitchin Cycles in Global Economic Development, and the 2008–2009 Economic Crisis". Structure and Dynamics 4/2010 (1): 3–57.

**Lanier 2014** Jaron Lanier (2014): „Wem gehört die Zukunft? Du bist nicht der Kunde der Internetkonzerne. Du bist ihr Produkt". Hoffmann und Campe Verlag.

**McCabe 1976** Thomas J. McCabe (1976): „A Complexity Measure". IEEE Transactions on Software Engineering, SE-2 (4), Dec 1976. URL http://www. literateprogramming.com/mccabe.pdf (11.02.2015).

**Meister 2012** Ulrich Meister (2012): „Vision 2030: So leben, arbeiten und kommunizieren wir im Jahr 2030". Verlag GABAL.

**Moore 1998** Gordon E. Moore (1998): „Cramming More Components onto Integrated Circuits". Proceedings of the IEEE  86 (1). URL http://www.cs.utexas.edu/~fussell/courses/cs352h/papers/moore.pdf (11.02.2015).

**OMG 2015** OMG (2015): Website of the Object Management Group. URL http://www.omg.org/gettingstarted/gettingstartedindex.htm (12.02.2015).

**OMG/FP 2013** OMG (2013): „Automated Function Points". Object Management Group, Document Number ptc/2013-02-01. URL http://www.omg.org/spec/AFP/1.0/Beta1/PDF (02.05.2014).

**PASS 2013** PASS (2013): „Description of the PASS Data Interaction Point Method (DIP Method)". PASS Consulting Group (unpublished).

**Rienecker et al 2011** Gerhard Rienecker et al (2011): „Quality that's IT - Informationstechnologie als strategisches Mittel im Qualitätswettbewerb". PASS IT-Consulting Dipl.-Inf. G. Rienecker GmbH & Co. KG.

**Rifkin 2011** Jeremy Rifkin (2011): „Die dritte industrielle Revolution: Die Zukunft der Wirtschaft nach dem Atomzeitalter". Campus Verlag.

**Streibich 2014** Karl-Heinz Streibich (2014): „The Digital Enterprise". Software AG.

# Über den Autor

Stefan Luckhaus ist Informatiker mit mehr als 30 Jahren Berufserfahrung. Seit 1981 ist er in der Softwareentwicklung tätig und schloss 1988 sein Informatikstudium in Frankfurt als Dipl.-Ing. (FH) ab. Danach war er 10 Jahre selbständig. Seit 1998 ist er Mitarbeiter der PASS Consulting Group (www. pass-consulting.com). Dort war er anfangs als Entwickler tätig. Später leitete er Entwicklungsprojekte, die ihn in die USA, nach Singapur, Indien und das europäische Ausland führten. Heute leitet Stefan Luckhaus das Competence Center Project Governance,
das die Verfahrenstechnik zur Softwareentwicklung der gesamten PASS-Gruppe bereit stellt und auch Produktivitäts- und Qualitätsmessungen, intern für ca. 20 IT-Shops sowie im Kundenauftrag, durchführt. Er ist Mitarbeiter des R&D-Bereichs der PASS-Gruppe und hat den Beraterstatus eines Principal Innovation Consultant.

Die Fachgebiete von Stefan Luckhaus sind Softwaremetrie, Qualitätsmanagement sowie Vorgehensmodelle und Verfahrenstechniken zur Softwareentwicklung. Er leitet im Branchenverband BITKOM (Bundesverband Informationswirtschaft, Telekommunikation und neue Medien e.V.) den Arbeitskreis Qualitätsmanagement, war am Leitfaden „Agiles Software Engineering Made in Germany" beteiligt und hielt mehrere Vorträge, u.a. auf dem Bitkom Software Summit.

Stefan Luckhaus ist in den sozialen Netzwerken Xing, LinkedIn und Twitter vertreten. Er publiziert außerdem in den Blogs www.it-management-blog.de und www. software-productivity.com.

# Buchempfehlung

Stefan Luckhaus

# Buchreihe
# Produktivitätssteigerung in der Softwareentwicklung

# Band 2
# Managementmodell, Aufwandsermittlung und KPI-basierte Verbesserung

Durch Standards und durch Automatisierung kann die Produktivität in der Softwareentwicklung auf das 20-fache gegenüber Entwicklung nach Art einer Manufaktur gesteigert werden. Erfordert die Software-Manufaktur 1.000 Personentage, sind es mit diesem Paradigma für das gleiche Produkt somit nur noch 50 PT. Bei Wiederverwendung fachlicher und technischer Komponenten konnte in der Praxis schon ein Faktor von 100 gemessen werden.

Nachvollziehbar sind solche Leistungsunterschiede nur durch Messungen. Dieses Buch beschreibt ein Managementmodell, das auf drei Leistungskennzahlen (KPIs) basiert: Produktivität (bezogen auf den Personalaufwand), Kosten (im Sinne der Gesamtkosten) und Qualität. Es erklärt ihre zyklische Erhebung unter Anwendung entsprechender Messmethoden, ihre analytische Auswertung und Indikatoren, beispielsweise aus der Gegenüberstellung des zeitlichen Verlaufs von Produktivität und Qualität oder als Ergebnis methodischer Fehlerursachenanalysen, die zu Verbesserungsmaßnahmen in 8 Handlungsfeldern der Softwareentwicklung, sogenannten Key Performance Areas (KPAs) führen. Um den Nutzen der Maßnahmen vorab einschätzen zu können, liefert es Erfahrungswerte wie auch ein Verfahren zur Berechnung ihrer Wirksamkeit.

## Aus dem Inhalt

Einleitung: Factories - von der Manufaktur zur Softwareproduktion

Das Potenzial von Produktivitätssteigerungen

Die Manufaktur – Softwareentwicklung als Handwerk

Entwicklungsstandards

Automatisierte Fertigungsprozesse

Fachlich-funktionale Standardisierung und Wiederverwendung

Ein Managementmodell zur Optimierung der Produktivität

I. KPIs und Messmethoden

Produktivität messen

Qualität messen

Zyklische Messung, Auswertung und Optimierung

II. Anwendung

Auslieferungs- und Neuentwicklungsproduktivität messen

Weiterentwicklungsproduktivität messen

Qualitätskennzahlen erheben

Berechnung des Aufwands geplanter Entwicklungsvorhaben

Schritt 1: Umfang der funktionalen Anforderungen ermitteln

Schritt 2: Erfahrungswert für die Produktivität finden

Schritt 3: Ergebnis interpretieren

Schritt 4: Zusätzlichen Aufwand identifizieren

Schritt 5: Risiken erkennen und mindern

III. Auswertung

Entwicklung der Produktivität im Zeitverlauf

Interne Benchmarks

Externe Benchmarks

Bezugswerte

Gegenüberstellung von Qualität und Produktivität

Anomalie 1: Die Auswirkungen vernachlässigter analytischer Qualitätssicherung

Anomalie 2: Die Auswirkungen technischer Schulden

Fehlerursachenanalysen

IV. Optimierung

Key Performance Areas

Anwendungsspezifikation

Anwendungsarchitektur

Systemarchitektur

Systembetrieb

Entwicklungsarchitektur

Qualitätsmanagement

Projektmanagement

Personalmanagement

Berechnung der Wirksamkeit von Verbesserungsmaßnahmen

Justierung und Kalibrierung der Messmethoden

V. Fazit

MIX

Papier | Fördert
gute Waldnutzung

FSC® C083411

Zeitfracht Medien GmbH
Ferdinand-Jühlke-Straße 7
99095 Erfurt, Deutschland
produktsicherheit@kolibri360.de